お互いの美味しさを高めるアイデアと調理技術

スイーツ×ドリンク
ペアリングの発想と組み立て

辻口博啓
×
〈香飲家〉
片倉康博／田中美奈子／藤岡響

誠文堂新光社

> # 一つと一つが出会うことによってさらに昇華し、
> # 一段上の世界を生み出すというのが
> # アッシュ・ペアリングです

　出会いはメディア出演の時。同席していた香飲家さんに何かを感じ、ペアリングのお話を伺ったのが始まりでした。その後すぐに再会し、牡蠣のドリンクをいただきました。それが衝撃的で、これからクリエイションをする上において、こういった発想が参考になり、何か一緒にやってみたいという思いから、アッシュ・ペアリングを考えました。

　アッシュ・ペアリングはスイーツとドリンクの組み合わせですが、単なる1＋1の関係でなく、異なる要素を合わせる事で味や香りに化学変化が生まれます。

　一つと一つが出会うことによって、互いが共鳴し、一段上の美味しさが広がる。つまりドリンクを合わせることで、スイーツがさらにおいしくなるという考えです。

　季節のフルーツをテーマにアッシュ・ペアリングのためだけに作った特別なスイーツ、そこに一つずつドリンクを合わせて一体化させ、新たな味覚体験を作り上げていく、まさに一期一会のペアリングです。

　本書では、そのペアリングの発想や組み立てを一からご紹介します。これはペアリングの魅力に興味のある方、スイーツを食べ慣れた方、パティシエやスイーツに携わっているプロの方にも体験したことのない世界を見出せるのではないかと考えています。

　料理でのペアリングはあたり前になってきているのですが、スイーツとの組み合わせを表現している店はまだ少ない。だからこそ新たなるアプローチができると感じました。

　アッシュ・ペアリングを通してパティシエ側から見た料理の世界もこれからは必要とされる時代がくると思います。またアートや音楽といった異なる分野も取り入れながら、パティシエのフィールドを広げていくことが私の使命だと感じています。

　パティシエはスイーツを創造し、楽しむことが基本の仕事であり、そこに新しい要素を融合することで、特別な世界が生まれると考えます。パティシエとしての新たなる挑戦としてペアリングはとても意味あることだと直感しています。

辻口博啓

ドリンクはメインを引き立てる役割。
スイーツと合わせた時に味覚と香りのバランスが
整うように計算して作ります

　ドリンクはあくまで裏方の仕事が多い。香飲家として以前から取り組んできた事ですが、今回辻口さんからお声をかけていただき、やっと評価してくださる方がいらした事は喜ばしい事でした。

　メインをより良くする事がスイーツにドリンク（ノンアルコール）を組み合わせる楽しみ。今回のアッシュ・ペアリングは、辻口さんの創造するスイーツと組み合わせた時に、味や香りをお互いに補完し合い、足したり、時には引くことで味覚のバランスが整うように計算し、一つの作品に仕上げます。理論的には世界基準的な世界のトップレストランが実際に行っているペアリングですが、同じ食材、同じ作り方、同じような仕上がりにすると満足度が得られないので、常に新しいものを作り出さなくてはなりません。そこで都度、日本だけでなく世界各地から香りある食材を探すことを常に心がけています。

　アッシュ・ペアリングは、スイーツに単に合わせるだけではなく、本書の第2章に掲載しているスイーツコースとして作り上げたコース仕立てです。このコースを体験していただきコースで味わう事で、味の広がりや香りの豊かさなど、アッシュ・ペアリングの本当の魅力を知っていただきたいと思っています。

　外食はお客様が楽しいという感覚を生み出すのが最優先。今の飲食業界は、アルコールを飲む方が楽しめるペアリングは整っていますが、アルコールを飲まない人に対しての環境が不足しています。レストランで飲む人と飲まない人が一緒に来店した時に、片方は楽しめるが片方は楽しめないというシチュエーションはおかしいと思っています。日本ではスイーツにアルコールを合わせるペアリングはありますがノンアルコールと組み合わせる店はありません。そういう意味でアッシュ・ペアリングは新たな体験。スイーツとノンアルコールドリンクでコース仕立てにすることで、こんなに美味しくなるんだという楽しさを知っていただき、飲食業界が活性化をすることを望んでいます。

香飲家

Contents

002 「一つと一つが出会うことによってさらに昇華し、
　　　一段上の世界を生み出すというのがアッシュ・ペアリングです」辻口博啓
004 「ドリンクはメインを引き立てる役割。スイーツと合わせた時に
　　　味覚と香りのバランスが整うように計算して作ります」香飲家

Chapter 1

ペアリングの発想と基本

012　辻口博啓が考えるスイーツ、ショコラの哲学
014　香飲家が考えるペアリングドリンクの哲学
016　ペアリングの組み立ては、スイーツの味を理解することから始まる
018　スイーツとドリンクのペアリングは、香りと味覚のバランスが重要
020　フルーツ・ピューレを効果的に使う
024　スイーツに欠かせないショコラの魅力
026　様々なドリンクのBASEと淹れ方
028　ドリンクに香りをつけるハーブやスパイス
　　　1.香りをつけるのはハーブが効果的
030　　2.香りの広がりを感じやすくするスパイス
032　糖分と塩分の選び方と使い方

ペアリングの妙

034　【Pairing 1】
　　　〈オペラ from「PHILIPPINES」〉×〈珈琲のようなほうじ茶〉
038　【Pairing 2】
　　　〈無花果とチャイのエクレールキャラメル〉×〈紅玉アールグレイカフェラテ〉
044　【Pairing 3】
　　　〈ミルフィーユカカオ ベネズエラ〉×〈サマーオレンジアイスウーロン〉
050　【Pairing 4】
　　　〈巨峰のヴェリーヌ〉×〈狭山茶のジャパニーズレモネード〉
054　【Pairing 5】
　　　〈フォレノワール(カカオブランコ)〉×〈あまおうと薔薇の赤いスパイスコーヒー〉
058　【Pairing 6】
　　　〈タルト温州みかん〉×〈宇和島3Sみかんと佐渡島産おけさ柿のスロージュース〉

Chapter 2

ペアリングで作るデザートコース

064　Menu.1
065　【Welcome Drink】
　　　〈カカオパルプ＆ルバーブトニックウォーター〉
066　【Pairing 1】
　　　〈タンザニアルージュ・ゲヴェルツトラミネールとライチの泡〉×〈ハーバルレッドティー〉

070 【*Pairing 2*】
〈ルバーブのパイ包 ミルクアイス添え〉×〈そば茶と珈琲のミルクブリュー〉

074 *Menu.2*

075 【*Welcome Drink*】
〈ジェニパーベリーソーダ〉

076 【*Pairing 1*】
〈木苺とバニラ〉×〈ベリーコーヒー〉

080 【*Pairing 2*】
〈フォレノワールとタンザニアアイス〉×〈チェリーブロッサムヴィンコット〉

084 *Menu.3*

085 【*Welcome Drink*】
〈シトラスライチ・グリーンティー〉

086 【*Pairing 1*】
〈クレープ・ア・ラ・ペッシュ〉×〈夏みかんアールグレイティー〉

090 【*Pairing 2*】
〈サバラン・エキゾチック〉×〈アプリコットスモーキーティーソーダ〉

094 *Menu.4*

095 【*Welcome Drink*】
〈シトラスクラッシュスパークリング〉

096 【*Pairing 1*】
〈日向夏のタルト〉×〈鴛鴦スパイスティー〉

098 【*Pairing 2*】
〈チュンチョムース〉×〈ピーチローズウーロン〉

104 *Menu.5*

105 【*Welcome Drink*】
〈八宝茶〉

106 【*Pairing 1*】
〈ムラングシャンティ アプリコット〉×〈楊枝甘露〉

110 【*Pairing 2*】
〈シューブリーズ・ナティーボ〉×〈フローラルカフェ〉

114 *Menu.6*

115 【*Welcome Drink*】
〈もモヒート〉

116 【*Pairing 1*】
〈ヌーベル・オランジュ・デテ〉×〈楊貴妃の果実茶〉

120 【*Pairing 2*】
〈カカオ・ブラン〉×〈チリカフェ〉

124 【*Pairing 3*】
〈スティル・ジャポネ〉×〈パッションフローラルティー〉

128 *Menu.7*

129 【*Welcome Drink*】
〈加賀梨葡萄烏龍茶〉

130 【*Pairing 1*】
〈スフレパンケーキ 黒蜜姫とルビーロマンのコンフィ〉×〈秋のフルーツと胡桃ミルク〉

134 【*Pairing 2*】
〈パルフェ・フィグ・ノアール〉×〈レッドローズティー〉

138　*Menu.8*

139　【*Welcome Drink*】
　　〈大葉柚子ジャスミンティーネード〉

140　【*Pairing 1*】
　　〈帯刀りんご農園の洋梨とクレメダンジュ 巨峰のグラニテを添えて〉×
　　〈洋梨タイレモンハーブティー〉

144　【*Pairing 2*】
　　〈栗とバナナのフォンダンとラムバニラアイス〜モンブラン風〉×〈バーボンカスクウーロン茶〉

148　*Menu.9*

149　【*Welcome Drink*】
　　〈ストロベリーアールグレイスパークリング〉

150　【*Pairing 1*】
　　〈フレーズのスフェール〉×〈ストロベリー烏龍茶 インフェーズローズジン〉

154　【*Pairing 2*】
　　〈温州みかんのフォンダンショコラ〉×
　　〈アーモンドミルクカフェ with ローズヒップカモミールシトラスシロップ〉

Chapter 3
アッシュ・ペアリングのレシピ

　　Menu.1

160　【*Welcome Drink*】
　　〈カカオパルプ＆ルバーブトニックウォーター〉

160　【*Pairing 1*】
　　〈タンザニアルージュ・ゲヴェルツトラミネールとライチの泡〉×〈ハーバルレッドティー〉

162　【*Pairing 2*】
　　〈ルバーブのパイ包 ミルクアイス添え〉×〈そば茶と珈琲のミルクブリュー〉

　　Menu.2

164　【*Welcome Drink*】
　　〈ジェニパーベリーソーダ〉

164　【*Pairing 1*】
　　〈木苺とバニラ〉×〈ベリーコーヒー〉

167　【*Pairing 2*】
　　〈フォレノワールとタンザニアアイス〉×〈チェリーブロッサムヴィンコット〉

　　Menu.3

169　【*Welcome Drink*】
　　〈シトラスライチ・グリーンティー〉

170　【*Pairing 1*】
　　〈クレープ・ア・ラ・ペッシュ〉×〈夏みかんアールグレイティー〉

172　【*Pairing 2*】
　　〈サバラン・エキゾチック〉×〈アプリコットスモーキーティーソーダ〉

　　Menu.4

174　【*Welcome Drink*】
　　〈シトラスクラッシュスパークリング〉

174　【*Pairing 1*】

〈日向夏のタルト〉×〈鴛鴦スパイスティー〉

177 【*Pairing 2*】
〈チュンチョムース〉×〈ピーチローズウーロン〉
Menu.5

179 【*Welcome Drink*】
〈八宝茶〉

179 【*Pairing 1*】
〈ムラングシャンティ アプリコット〉×〈楊枝甘露〉

181 【*Pairing 2*】
〈シュープリーズ・ナティーボ〉×〈フローラルカフェ〉
Menu.6

183 【*Welcome Drink*】
〈もモヒート〉

184 【*Pairing 1*】
〈ヌーベル・オランジュ・デテ〉×〈楊貴妃の果実茶〉

186 【*Pairing 2*】
〈カカオ・ブラン〉×〈チリカフェ〉

188 【*Pairing 3*】
〈スティル・ジャポネ〉×〈パッションフローラルティー〉
Menu.7

191 【*Welcome Drink*】
〈加賀梨葡萄烏龍茶〉

191 【*Pairing 1*】
〈スフレパンケーキ 黒蜜姫とルビーロマンのコンフィ〉×〈秋のフルーツと胡桃ミルク〉

194 【*Pairing 2*】
〈パルフェ・フィグ・ノアール〉×〈レッドローズティー〉
Menu.8

196 【*Welcome Drink*】
〈大葉柚子ジャスミンティーネード〉

197 【*Pairing 1*】
〈帯刀りんご農園の洋梨とクレメダンジュ 巨峰のグラニテを添えて〉×
〈洋梨タイレモンハーブティー〉

198 【*Pairing 2*】
〈栗とバナナのフォンダンとラムバニラアイス〜モンブラン風〉×〈バーボンカスクウーロン茶〉
Menu.9

201 【*Welcome Drink*】
〈ストロベリーアールグレイスパークリング〉

201 【*Pairing 1*】
〈フレーズのスフェール〉×〈ストロベリー烏龍茶 インフェーズローズジン〉

203 【*Pairing 2*】
〈温州みかんのフォンダンショコラ〉×
〈アーモンドミルクカフェwithローズヒップカモミールシトラスシロップ〉

206 アッシュ・ペアリングを実施した店舗
207 著者プロフィール

Chapter 1
ペアリングの発想と基本

ペアリングは、時間と空間を楽しんでもらうための一つの表現です。
素材と人を繋ぐために、様々な技術で作り上げたスイーツとドリンク。
パティシエ・辻口博啓と香飲家の方々の感性、
緻密な発想と表現力が織りなすコミュニケーションにより、
魅力的な組み合わせが生まれます。
このペアリングを体験することで会話が生まれ、楽しい感覚が残る事でしょう。
この章では、ペアリングの発想と組み立て方などをご紹介します。

" 辻口博啓が考える
スイーツ、ショコラの哲学

スイーツによって素材のストーリーを伝える

　日本には四季があり、その季節ごとの旬の素材から発信される確か
なメッセージをお客様にどう届けようかを常に考えています。それに
は食材を作り上げている生産者の思い、地域の気候、土から導き出さ
れるテロワール、そして素材のもつ旨み、それらをどのようにして伝
えるかに焦点を当てることが重要です。

　ショコラも同様です。私がペルーに持つカカオ農園では、ペルーの
大地で育まれたカカオが栽培から発酵に至るまで、どのようなプロセ
スを経てショコラになるのかがわかりますが、その過程には、自然の
恵みや人々の技術だけでなく、ショコラになるまでの背景そのものが
物語となります。素材から語られるストーリーをスイーツで表現する。
それこそが私の伝えたい本質です。

スイーツの発想と組み立て

　今回のアッシュ・ペアリングで考えるスイーツは、まずは季節の果
物や素材を選ぶことから始めました。旬の食材は感動と共感を生むコ
ミュニケーションとして一番の素材だからです。そしてどのようなカ
カオ（ショコラ）と共鳴するか、それをどのように表現したら新たな
感動と満足感を生むのかを見つけ出します。

　そうして作り上げていく作業がいちばんの醍醐味でもあります。

　次に全体の色合いを決め、空間やバランスを発想していきます。味
の構成や組み合わせる素材、クリームやソースの融合方法を考え、ど
のようなクープやアシェットに落とし込むか。

その際、器の大きさや色、深さも非常に大切な選定となります。
　例えば、とろけるような冷たいソルベをグラスに盛り込む順番、ハーブ類やエスプーマを使用する場合には提供するまでの管理方法やタイミング、さらにはテーブルの上の配置も考え、流れるようなリズムで作り上げていくイメージをしていきます。
　さらに、現在のトレンドであるエアリーなデザインや味わい、適正な甘味で素材を活かすことを意識しつつ、食感や香りの要素をどのように捉え忍ばせるかを考えていきます。
　時代の流れの中で生み出された道具の発達も重要で、新しい情報や発想にも目を向ける事が必要なのです。

香飲家が考える
ペアリングドリンクの哲学

香飲とは

　ドリンクは液状の為、口内の滞在時間が短い事やグラス内で単色になる事が多く、盛り付け、表現方法が限られています。その中でいかに印象的な飲み物を作るかを考えた時に、香りがもっとも重要な存在と考えています。香りは五感の中でも1番記憶に残ると同時に感情も呼び起こし、余韻が続きます。さらに、見た目ではわからない分の驚きの印象も残す事が出来ます。ペアリングする際、単体で飲んでも美味しいことは当然ですが、ドリンクにはシチュエーションや季節の素材をメインとなる食べ物に香りで合わせて、メインをより美味しくする為の存在です。美味しい食事やスイーツにドリンクが合わさる事でより印象的な香りの記憶となって残ります。その為には合わせた時により香りが広がり、美味しく感じるドリンクのバランスに仕上げる事が大切です。香りのある食材は使い方や分量を考えれば全てドリンクに使えると考えています。

　素材同士の合わせ方で新たな香りが生まれ、香水を作る様な感覚に似ています。組み合わせは無限です。香りが印象的な飲み物。つまり『香飲』はメインを引き立てながら香りで繋げ、調和しながら広がり、単体だけでは難しい表現を可能にします。

スイーツとのペアリングの考え方

　アッシュ・ペアリングはスイーツとドリンクが織りなすコース。流れ全体を通して口の中で調和し、一つのものになる、ということを常に考えて組み立てることが大切です。

　ドリンクはあくまでメインになるスイーツを引き立たせるためのもの。決してドリンクの美味しさだけを主張したり、スイーツの味をリセットする事はしません。2つで1皿という概念で作るので、違うものを作る感覚ではなく、寄り添うものを作ります。スイーツのように甘味のあるものに普通にドリンクを合わせても、ドリンクがスイーツ

の甘味を持っていってしまいます。例えば、ショコラが苦く感じたり、柑橘系のフルーツが酸っぱく感じたりするように。そこで、スイーツとのペアリングに大事なのは甘味です。ドリンクに甘味を加えることで、スイーツとの調和が生まれてきます。ドリンクはスイーツを食べてみて、どうしたら口の中にスイーツの余韻が残り、美味しく感じられるかが肝心です。

ペアリングの方法は2つ

　スイーツとのペアリングは、香りを合わせることが重要です。その方法は『MULTIPLY』と『PLUS』の2つです。『MULTIPLY』は、同じ要素の香りをスイーツとドリンクの両方に使用する事で丁度良い強さの香りのバランスに仕上げます。『PLUS』は、数種類の香りを調和させ、全体のバランスをとるという、難易度が高く、経験が必要です。例えばオレンジピールにチョココーティングされたオランジェットをイメージに用いたペアリングは、スイーツとドリンクの香りの要素であるショコラとオレンジピールに振り分け、ショコラスイーツにオレンジを使用したドリンク。もしくはオレンジのスイーツにショコラドリンクを合わせれば『PLUS』のペアリングが完成します。

ドリンクはデザインから考えることはない

　スイーツを引き立てる存在であるペアリングドリンクは、単体のドリンクの様に際立つデザインの仕上がりにはしません。メインであるスイーツをより美味しくするためのペアリングドリンクなので、ドリンクのベースと様々なパーツをグラスの中で組み立てる際、シンプルでスマートな仕上がりにしています。グラスに飾るもの、添えるもの、最後にトッピングするものは、香りや味わいを重ねたり変化の要素に繋げるものです。スイーツとドリンクで1皿という概念をもとに、ナチュラルな素材の色のまま提供しています。

" ペアリングの組み立ては、スイーツの味を理解することから始まる

アシェット・デセールでは、通常パティスリーで作るテイクアウト用のスイーツとは異なり、その場所、その季節に合わせた瞬間的な体験を提供します。温かいものや冷たいもの、そしてとろけ出す要素を意識しながら、その時、その場所でしか味わえないものを考案します。

今回のアッシュ・ペアリングの場合は、コース形式なので、流れの中で甘いスイーツの間にサレ系（塩分のあるもの）のアシェットを挟む事で味覚をリセットさせ、次のスイーツの期待感を高める工夫をしています。

組み合わせるドリンクは、あくまでもメインを引き立てるもの。スイーツの味に合わせ、コース全体の流れを通して口の中で調和をもたらすことが重要で、料理やスイーツと合わせた時に美味しいと思うところで味を決めていきます。それはシチュエーションによっても味やバランス、量も変えることが必要です。

アッシュ・ペアリングは素材から生まれる

季節感のある素材を決めることから始まります。この時期にしか味わえない旬の素材を選び、その素材に合わせた調理法や表現方法を検討します。素材の味や食感を効果的に表現するには、どんなデザインのスイーツにするか。その素材をより引き立たせるために、どんなテクニックを使って組み立てるかを考えてデザインを決めます。

例えば、アイスクリームにするか、ムースにするか、または焼き菓子にするのかといった表現方法を選びます。そして、素材の味や食感を最大限に活かすために、どのようなデザインのスイーツにするかを決定します。

スイーツの味を確認し、ドリンクを決める

選ばれた素材とその表現方法に基づいてスイーツの試作をします。試作を通じて、スイーツの味わいや香り、食感を確認し、食べた時に口の中にどんな香りや余韻が残るかによって、ドリンクのベースを考

え、割材やアクセントにどの素材を組み合わせるか検討します。ドリンクはスイーツを引き立たせる役割を担っているので、甘味や酸味、香りのバランスを考慮しながら、ペアリング全体の調和を追求します。

スイーツとドリンクを試食試飲する

試作の過程で、スイーツとドリンクが互いにどのように響き合うかを足し算や引き算して確認し、味や香りのバランスの微調整を行います。特に、スイーツとドリンクが口の中で調和し、共鳴することが重要です。これにより味の変化や余韻が生まれ、より深い味覚体験を提供することができます。

ペアリングの完成

最終的に、ペアリング全体を再度確認し、スイーツを作り上げるスピード感やドリンク提供のタイミングなど、細部にわたる調整を行います。また、季節に合わせたテーマ性を考え、器や盛り付け、全体の雰囲気なども決定します。最終確認として、修正を加えたスイーツとドリンクを再度試食・試飲し、完成形となるペアリングを確定します。

ペアリングの組み立て方

季節の素材を決める……その季節にしか味わえない素材選び
↓
表現の仕方を考える……素材との組み合わせや表現方法を熟考
↓
デザインを考える……味や食感、素材、季節感を効果的に表現するデザイン決め
↓
スイーツを試作し、ドリンクを考える……コースの試作。香飲家が味や香り、食感などを確認
↓
組み合わせるドリンクの試作……スイーツとドリンクを試作し、微調整をする
↓
最後の微調整確認……再度、ペアリングの確認
↓
ペアリングの完成……最後にスイーツとドリンクのデザイン、盛り付けの最終決定

" スイーツとドリンクのペアリングは、香りと味覚のバランスが重要

ペアリングの考え方

　スイーツとのペアリングは、香りを合わせることから考えます。スイーツをパーツごとに分解し、どのような材料が使われているかを理解する事でスイーツとドリンクの「香り」のバランスをとります。次に「味覚」のバランスを考えます。全体の味のバランスが悪い場合は香りをリセットし、感じにくくするため、「味覚」のバランスも重要なポイントになります。

香りの重要性

　香りは5感の中で唯一直接脳に働きかけると言われ記憶に残りやすいので、美味しいドリンクは特に香りが印象的なものが記憶に残ることが多いです。だからこそ、香りを活かすことが重要になってきます。
　P.34からP.61までのペアリングでは、下記のフレーバーホイールで、ドリンクだけでなく、スイーツもどんな香りの要素を加えているかを表現しました。
　フレーバーホイールは16種。複雑な香りもありますが、全て16種に分けます。ここにスイーツの持つ香りを当てはめ、ドリンクの香りを足していく事で、スイーツが持つフレーバーとドリンクのバランス、または重なりによって、どのように成り立っているかが確認できます。

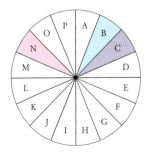

※P.34～61に掲載したペアリングに、フレーバーホイールを記載しています。
スイーツに含まれる香りは青、ドリンクがピンク、両方が重なる香りは紫で描いています。
フレーバーは、A ハーバル、B スパイシー、C ナッティ、D ウッディ、E スモーキー、F トーステッド、G カラメル、H ミルキー、I 発酵、J 熟成香、K スイート、L スイートフルーツ、M ベリー、N シトラス、O トロピカル、P フローラルの16種。

味覚バランスと香りの関係

「香り」を合わせたら、次に「味覚」のバランスをとります。味覚のバランスが悪い時は香りをリセットしてしまい、香りを感じにくくします。

　味覚は5つで出来ています。「甘味、塩味、酸味、苦味、旨み」つまり、日本の古くからある家庭の料理の言葉で『さ 砂糖・し 塩・す 酢・せ 醤油・そ 味噌』を知っていると料理が美味しくなるというのも同じことを言っています。

　隣に位置しない向かい側のものは味を相殺し、隣り同士は多い方に横隣の味を足すと、多い方がより強く感じます。但し、苦い、塩辛いなどの味覚が強く感じた時点で、香りは感じません。味覚のバランスをとる事で、香りを感じやすくします。味覚要素をドリンクに少しずつ足していくことで香りが少しずつ現れ、味覚が前に出るより香りの広がりを感じやすくなるポイントを探ります。そうすることで、ドリンクのもつ香りの余韻がスイーツに繋がりをもたせ、口内で香りが広がる印象的なペアリングが完成します。

味覚のバランス 5つの要素

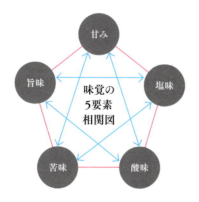

(⟷)
矢印の関係に位置する味覚は相殺しあう。
(—)
隣に位置する味を足すとメインの味をより引き立てる。

"フルーツ・ピューレを効果的に使う

　パティシエの世界では、フルーツ・ピューレを使うことは当たり前ですが、生のフルーツ素材と国産品を使った高品質のフルーツ・ピューレを組み合わせる事によって、味と香りの仕上がりに差が出るだけでなく、表現方法が豊富になります。しかも日本の素材は世界でも注目されるほど品質が高く、日本産フルーツを使用したピューレは人気があります。実際にサロン・デュ・ショコラでゴールドタブレットを獲得した時も柚子ピューレを使いました。

ピューレをドリンクで使う

　世界ではナチュラルな食材をドリンクに取り入れる傾向にあります。フレッシュフルーツは熟成のタイミングや出数の管理、味や歩留まりのばらつきによるロスとドリンク用に加工するには手間がかかります。そこでピューレに糖を加えて完熟フルーツの糖度にすれば香りをより感じ、色もきれいで何より美味しく仕上がります。味の安定化、仕込み時間の軽減と日持ちもするので原価コントロールもしやすくなり、フルーツドリンクを安定して提供が出来ます。

【シトラス・ピューレ】

レモン・ピューレ
（桜れもん）

瀬戸内産レモンを使用した冷凍ストレート果汁です。加糖しておりませんので、用途に合わせて幅広く使用できます。

ニューサマーオレンジ・ピューレ
（桜ニューサマーオレンジ）

宮崎県の特産、日向夏を使用した冷凍ピューレです。日向夏の爽やかな香りと程よい酸味を活かしたピューレです。

夏みかん・ピューレ
（桜 夏みかん）

国産の夏みかんを使用した冷凍ピューレです。夏みかん独特の爽やかな香りとほろ苦い風味が活きています。

温州みかん・ピューレ
（桜 温州みかん）

国産の温州みかんを使用したさのう（みかん果肉の粒々状のもの）入り。冷凍ピューレです。甘味・色調のバランスが良く、幅広くご使用できます。

柚子果皮入り・ピューレ
（桜 柚子）

香りのよい柚子を使用した冷凍ピューレです。独自の製法で、柚子の果皮を残しています。

柚子・ピューレ
（桜シリーズ）

香りの良い国産の柚子を使用した冷凍ピューレです。柚子の爽やかで強い香りをそのまま活かした味わいです。

【シトラスドライフルーツ】

トランペドライレモン

レモン果皮をダイスカットした、ドライタイプ（フレーク状）の蜜漬です。口に含んだ瞬間に風味が広がります。

トランペドライユズ

国産の柚子果皮を5mmサイズにダイスカットした、ドライタイプ（フレーク状）の蜜漬です。口に含んだ瞬間に華やかな柚子の風味が広がります。

【ベリー・ピューレ】

あまおう・ピューレ
（BASE あまおう）

福岡県産あまおうイチゴを使用した無糖タイプのドリンク用冷凍ピューレです。

あまおう・ピューレ
（桜 あまおう）

福岡県産あまおう苺を使用した冷凍ピューレです。鮮やかな赤色と上品な甘さ、風味の良さが特徴です。

とちあいかいちご・ピューレ
（桜 とちあいか）

栃木県産とちあいかを使用した冷凍ピューレです。抑えめの酸味としっかりとした甘さ、華やかな香りが特徴です。

フランボワーズ・ピューレ
（SF フランボワーズ・ピューレ）

風味、色のよいセルビア産ウィラメット種フランボワーズを使用した、スリ状の冷凍ピューレです。糖度を低めに設定し、製法にもこだわっています。

【グレープ・ピューレ】

カベルネ・ソーヴィニヨン・ピューレ
（BASE カベルネソーヴィニヨン）

赤ワイン用のぶどうの品種であるカベルネソーヴィニヨン（山形県産）を使用した、無糖のドリンク用冷凍ピューレです。渋みのある大人向けの味わいです。

巨峰・ピューレ
（桜 巨峰）

国産の巨峰を使用した冷凍ピューレです。濃厚な甘みとほのかな渋みある酸味が自然の巨峰の味わいを感じるピューレです。

【トロピカル・ピューレ】

ココナッツ・ピューレ
（FE ココナッツ）

原料の品質にこだわり、厳選された風味の良いココナッツクリームを使用した、冷凍のココナッツピューレです。

パッション・ピューレ
（FE パッションフルーツ）

爽やかな香りと強い酸味が特徴のパッションを冷凍ピューレに仕上げています。少量でもパンチがある味わいです。

【その他・ピューレ】

紅玉・ピューレ
（桜 紅玉）

国産（東北地域）の紅玉りんごを使用した冷凍ピューレです。紅玉特有の強い酸味とほのかな香りが活きています。着色料不使用で薄紅色です。

ラ・フランス・ピューレ
（桜 ラ・フランス）

山形県産の洋なし（ラ・フランス）を使用した冷凍ピューレです。独特の気品ある香りが豊かで、まろやかな味わいです。

白桃・ピューレ
（桜 白桃）

国産の白桃を使用した冷凍ピューレです。糖度を低めに設定し、製法にもこだわり、白桃の甘くまろやかな風味を活かしています。

【コンフィチュール】

フランボワーズペパン

風味、色の良いヨーロッパ産のフランボワーズを使用した種入りコンフィチュールです。種のプチプチした食感が楽しめます。

【コンフィ】

コンフィグブランシュ

トルコ産スミルナ種のドライ白イチジクをカットして戻したペーストです。プレーンな味なので、洋酒等を好みで加えてもいいでしょう。

【冷凍フルーツ】

冷凍マンゴーカット
（冷凍マンゴーカット）

タイ産のナムドクマイ種マンゴーを熟度にこだわり丁寧に選別、15ミリにカットし、急速冷凍。

●ピューレとこのページのフルーツ加工品は全てタカ食品を利用しています。
●尚、本文内で使用しているルバーブ・ピューレ、アプリコット・ピューレはイベントのために作った特注品です。

" スイーツに欠かせない
ショコラの魅力

　ショコラはスイーツに欠かせない素材です。そこでショコラ本来の味を追及するために、ペルーに自社のカカオ農園を持ち、そこで栽培したカカオ豆から1枚のタブレットショコラを生み出すまでを一貫して『LE CHOCOLAT DE H』で行っています。

　世界のカカオティエとの出会いによって実際に幾つものカカオティエのラボに行き、その製造工程や様々な焙煎現場を見た上で、私が考える「おいしさ」の基準値を構築することができるシステムを『LE CHOCOLAT DE H』では表現できていると確信しています。唯一無二のショコラを作り上げました。他店との絶対的な違いを感じてもらう事ができるのは、実際食べてもらう事だと考えています。

　ショコラには産地によりスパイシーさやフルーティ、ナッティー、スモーキーといった様々な個性があります。その個性を生かし、その魅力を引き立てる素材と組み合わせることで、新たなスイーツの世界が広がっていきます。

ショコラの特徴

　おすすめの7種のショコラをご紹介します。産地、味わいの特徴などを知ると、スイーツの仕上がりが想像できます。

タンザニア

赤道直下の南緯8度に位置するタンザニアモロゴロ州の小規模農家で作られる高品質のカカオ豆を使用しています。ラズベリー、カシス、ブラックベリー等のレッドフルーツのような香りの中に、クローブ、シナモン、コリアンダー、レモングラス等のハーブスパイスの香りも感じられます。爽やかな酸味と程よい苦味のバランスがフレッシュ感さえ感じるショコラです。

トリニダード トバゴ

トリニタリオ種の名前の由来となったこの島国のカカオ豆は高品質で知られています。スモーキーな香りが特徴でピートのような香りもすることからスコッチウイスキーやギネスビールを連想させます。黒糖やきな粉、ほうじ茶のような香ばしい甘さと、強めの渋味もあり、フルボディの赤ワインの要素と柑橘系の爽やかさも共存しているような奥深いショコラです。

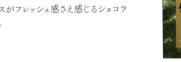

ペルー ナティーボ

ペルー中部で栽培される、世界的に見ても希少で高品質なアマゾンナティーボ・クリオロから作られています。柑橘系の香りと共にココナッツやアーモンドのようなナッティさも感じられます。シナモン、生姜、わさびのニュアンスが、まるでスパイシーなショコラドリンクを飲んでいるかのような印象も与えてくれます。

ペルー カカオ ブランコ

ペルー北部の、高品質のカカオ豆で名高いピウラ地方で採れるホワイトカカオを使用しています。ラズベリージュースにライム、グレープフルーツのゼストを加えて、さらにバルサミコ酢で酸を強調したような、フレッシュミックスジュースのような鮮烈な味わいです。渋味や黒糖のような味わい、ディルのような青いハーブのような印象等、様々な表情のあるショコラです。

ペルー カカオ チュンチョ

ペルー南部の山間部クスコ地方で作られる希少品種のチュンチョカカオを使用しています。マンゴーやパッションフルーツ等のトロピカルフルーツの要素が感じられ、カカオ由来としては珍しいマスカットの風味も感じられます。コーヒーやナッツ、シナモンのような香りが、渋味と共に味わいに奥行きを与えてくれるショコラです。

ベネズエラ

ベネズエラの首都カラカスの西方にあるパタネモで栽培される、世界的にも希少なクリオロ種のカカオ豆を使用したショコラです。ライムやブラッドオレンジ等柑橘類を思わせるスッキリとした印象と共にレッドフルーツ、レモングラスやペッパーの辛味のような香りもある奥深いショコラです。

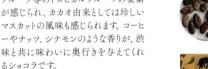

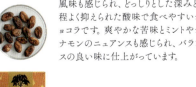

フィリピン

メインノートはアーモンドやクルミ等のナッツ類。ココナッツやコーヒー、黒糖の風味も感じられ、どっしりとした深みと、程よく抑えられた酸味で食べやすいショコラです。爽やかな苦味とミントやシナモンのニュアンスも感じられ、バランスの良い味に仕上がっています。

" 様々なドリンクのBASEと 淹れ方

　ペアリングドリンクを考案するには、スイーツとのバランスを考え、ベースとなる素材を選び、その成分を知る事が重要です。コーヒー、お茶、ハーブ、スパイス等のいろいろな素材がありますが、それぞれの香りの成分が油溶性か水溶性かを知っていれば、素材に適した方法で、最適な量で余す事なくエキスを抽出が出来ます。

　油溶性は同じ油分にエキスが溶けやすい特徴があり、高温にしないとエキスは抽出されません。水溶性は逆で水に溶けやすく、油分には溶け出しにくい性質です。それを理解した上で、ベースを抽出します。

　お茶は適正な抽出温度はありますが、それはあくまでストレートで飲む場合であり、スイーツと合わせる際には高温で抽出し、カフェイン、ポリフェノールなどの苦味、渋みをあえて出す抽出方法を選ぶ場合があります。その方が甘味とのバランスもとりやすく香り豊かになります。ベースに合わせる素材を加える時、場合によっては一緒に水から煮出したり、それぞれをパーツごとに抽出して後から合わせたり、水出しまたは、液体に素材を漬け込み、フォンダンにしたりと、抽出方法も作るドリンクのベースにより選びます。また、スイーツとの量のバランスで甘味や液量を決め、口溶けや香りの広がりを考え、ホット又はアイスなのか、冷たすぎない温度なのかを選びます。

【紅茶】

キーモン

世界三大銘茶の1つ。スモーキーと花のような優雅な甘い香り。旨味があり深い味わい。中国伝統の製造工程が多く、手間をかけて作られています。新茶よりも半年〜1年経過させた方が香りが増します。

ラプサンスーチョン

中国・福建省武夷山で生産される中国紅茶。茶葉を松の薪で燻製することでスモーキーな香りと、松の精油の吸着によりツヤが生まれます。

アールグレイ

ベルガモットの芳香を精油の香りで着香した紅茶。世界中で愛されているフレーバーティーの代表格。茶葉にはブレンド茶から1種類でこだる商品まで様々。組み合わせ方によって味わいや香りの強さも変わります。

【烏龍茶】

凍頂烏龍茶

台湾4大銘茶の1つ。チャノキの葉を発酵の途中で加熱した「青茶」。緑茶のような味わいで発酵度が上がるとフルーツのような華やかさが増してきます。

四季春烏龍茶

台湾茶。蘭の花のような甘い香りと爽やかさに透明感のある味わいと甘みが特徴で、春夏秋冬いつ摘んでも美味しいお茶が出来ることからこの名がつきました。

ローズ烏龍茶

華やかな香りのローズと中国烏龍茶をブレンドしたフレーバーティー。烏龍茶の中にバラの香りが漂い、魅惑的な濃厚で芳醇な甘い香りが残ります。

葡萄烏龍茶

中国烏龍茶に葡萄の香りを加えたフレーバーティー。甘く芳醇な葡萄の香りに烏龍茶のさわやかなお茶の香りが楽しめます。

【黒茶】

プーアル茶

中国黒茶と呼ばれる後発酵方法のお茶の総称をプーアル茶と言います。土を連想させる特有の香りと奥深い味わいで脂っこい食事にもよく合います。生茶と熟茶の2種類に分けられ、味わいが違います。

【緑茶】

狭山茶

日本三大銘茶のひとつ。甘みのある深いコクと濃厚なうま味があり、「狭山火入れ」という狭山茶独自の仕上げ技術を行います。ドリンクによって品種別の香りや仕上げによる味わいを使い分けます。

深煎りほうじ茶

一番茶の良質な煎茶と茎茶を自家焙煎したもの。深めに焙煎する事により、香ばしさを強めてあるが、甘さがあり、口当たりはすっきりとしています。

茉莉花茶（ジャスミン茶）

花茶を代表する中国茶の1種。ベースになる茶葉は中国緑茶が一般的ですが烏龍茶や白茶ベースもあります。それらの茶葉にジャスミンの花弁やつぼみの香りをつけたり、ブレンドしたものです。

【その他】

だったんそば茶

韃靼そばの実を原料として焙煎加工した穀物茶のこと。蕎麦茶と比較して透き通った黄金色のお茶となります。ポリフェノールの一種であるルチンが多く含まれています。

コーン茶

韓国で古くから親しまれているトウモロコシを原料とした茶外茶。ノンカフェイン飲料であり、香ばしい香りとほのかな甘味があります。

コーヒー

豆の産地や焙煎具合で味わいが変わり、ブレンドすれば、更にバリエーションが広がります。挽き方や抽出方法、作りたいドリンクに合わせて選びます。

"ドリンクに香りをつける ハーブやスパイス

1. 香りをつけるのはハーブが効果的

　ペアリングはスイーツとの相性を考えた食材をセレクトすることが重要です。ドリンクのベースで使用するコーヒー、お茶なども香りもありますが、香りのある材料をセレクトし、プラスする必要があります。そこで香り豊かなハーブ、スパイスやフルーツ、ナッツ類などを加えることで香りを重ねていきます。そして香りのある素材をどのような形状でどのタイミングで使用するかも大切です。最後は味覚のバランスを取り、より香りが広がるポイントを見つけてレシピを完成させます。香りをつけるものは、ハーブが代表的なので、初めにハーブの特性を知っておくことが大事です。

菊花
中国では唐代から漢方にも使用されている。クセがなく甘味があり、爽やかな香り。緑茶やプーアール茶などのブレンドにも使われています。

薔薇(ローズ)
筆者が好むのは、愛知県・豊橋で栽培されている希少価値の高い食用ミニバラ。彩りと華やかな香りを高めます。

茉莉花(ジャスミン)
爽やかでエキゾチックな香りがありつつ清涼感もある香りです。花の王とも呼ばれる甘く濃厚な香りは、クレオパトラにも愛されたといわれています。

カモミール

リンゴを思わせる甘くフルーティーでフローラルな香りのカモミール。優しい香りで心も体もゆったりリラックスできます。

ハイビスカス

ローゼル種の花のがくの部分。抽出するときれいな赤い水色と酸味成分が特徴のクランベリーのような味わい。ホット、アイスの両方で世界中で飲まれています。ローズヒップとブレンドされる事が多い。

ローズヒップ

バラ科バラ属の特定品種植物の果実。ビタミンを多く含む。優しい酸味のノンカフェインハーブティー。オイルやジャムにも使われている。フルーツとの相性もよく、ブレンドティーにも。

レモングラス(ドライ)

爽やかなレモンのような香りが特徴。古くから薬用としても使われていました。他のハーブや緑茶とのブレンドにも使いやすく、タイ料理やアジア料理には欠かせないハーブ。

ホーリーバジル(ドライ)

スイートバジルよりも香りが強い。甘さの中にスパイシーな刺激やミントのような清涼感があります。熱を入れても香りが飛びにくいので、ガパオライスや麺などのタイ料理にも使用されます。

ミント(ドライ)

さわやかなメントールの香りが好まれるハーブで乾燥タイプはフレッシュタイプよりもクセがないので様々なドリンクに使いやすい。

ミント

種によって香りの成分が異なるが、葉は爽快感のあるスッキリとした香りはリフレッシュやリラックス効果も。料理やスイーツの他ハーブティーやカクテルにも使われます。

木の芽

山椒の新芽を言う。和物にも使われる、華やかな香りが特徴。手で挟んで叩く事で香り成分が含まれる葉の組織が壊れ、精油成分が出る効果により香りが強まります。

ローズマリー

肉料理・焼き菓子、パン、ハーブティーや、アロマの材料や薬草としても様々な使用方法がある万能ハーブ。爽快で力強い香りの特徴を生かして臭み消しにも使われます。

ライムリーフ

日本語ではコブミカンの葉。レモンやライムなどに似た柑橘系の爽快な香りが特徴。タイやインドネシア料理のスープやカレーなどの風味づけにも使われます。

冷凍レモングラス

根元に近付くほどにレモンのようなさわやかな香りが強くなり、リーフ(葉)よりも香り高く風味が濃厚です。生姜のような香りもあります。

2. 香りの広がりを感じやすくするスパイス

　香りのある様々な素材の特徴により使い分けをしますが、その中でもスパイスは、甘い、エキゾック、ウッディーなどの魅力的な香りと複雑味や深み、アクセントをつけるのにも、とても有効な素材です。スパイスをドリンクに使用する事で香りの広がり、持続を可能にします。スイーツと合わせる時、お互いを引き立て合う印象的なドリンク作りにスパイスは欠かせません。

　スパイスを含む、香りのある素材を使用する手順を知る方法として、まずは味覚バランスをとる事から始まります。日本人は嗅覚より、味覚で食事する傾向にあります。嗅覚を感じやすくするには、味覚のバランスを整える必要があります。スイーツの使用素材やパーツを理解し、味覚と嗅覚の要素を考えます。その後にスイーツにペアリングするドリンクの香りのイメージを構想し、素材を選びレシピを組み立てていきます。

　味覚の基本五味である、甘味、塩味、酸味、苦味、旨みのバランスをとる事で香りを感じやすくした後、ドリンクに味覚要素を少しずつ足してバランスを整える段階で、香りが少しずつ現れ出します。香りの広がりを感じやすくなるポイントを探ります。

　スパイスを使用する際は様々な種類の特性を理解することが大切です。例えばスパイスの持つオイル成分は揮発性が高い為、スイーツの香りを消さない様に分量調整します。ホールやパウダーなどの形状や、との段階で使用するのがベストなどを選びレシピが完成させます。香りを楽しめるドリンクには欠かせないスパイスを有効的に取り入れ、ペアリングに役立てています。

クローブ

つぼみが開花する直前に摘み取って乾燥させます。釘に似た形をした甘い芳香と舌にしびれるような刺激味が特徴。スパイシーな料理の他、チャイにも。バニラの香りの補強にもなります。

カルダモン

爽やかな香りと柑橘系のような甘い香りで清涼感がありつつスパイシーさもある特徴的な香りです。香水のような上品で強い香りから「スパイスの女王」とも呼ばれます。

コリアンダー

古くからタイや中国など世界各地で広く食用（野菜および香辛料）とされています。エスニック料理には欠かせない果実や葉を乾燥したもので、種子を乾燥させたものがコリアンダー。

シナモン

洋菓子、和菓子、料理、ドリンクなどに使いやすいスパイス。粉末状に加工したり、細長く巻いたスティックなども用途に合わせた形状を選べます。

スターアニス

別名、八角と言われ、名の通り八角形の果実を乾燥させます。強く甘い独特の香りをもち、中国では肉料理やデザートの香りづけ生薬にも使われます。

サフラン

アヤメ科の多年草およびそのめしべを乾燥させた香辛料。香りが非常に強く、個性的で少量でアクセントに使用します。

ジュニパーベリー

ねずの実とも呼ばれます。香針葉樹の熟した果実を乾燥させたもの。ウッディー、苦み、スパイシー、甘みのあるスパイス。ジンやリキュールの香りづけや肉料理にも使われます。

リコリス

日本で甘草と呼ばれ、砂糖の50倍の甘味成分があります。ジンの材料にも使われたり、ハーブティーとしては苦味を抑えたり、甘味づけにブレンドされる場合が多いです。根から抽出したエキスは甘味料や漢方など様々な場面で活用されています。

カスカラ

コーヒーチェリーの種子を取り除いた、残りの果実や皮の部分。杏のような酸味や甘さが感じられ、煮出して飲んだり、シロップで使用します。

オールスパイス

名前の由来は、シナモン・クローブ・ナツメグの3つの香りを併せ持つ単品スパイス。深みのある複雑な香り。辛味はなくほんのり甘い香り。料理やデザートにも使いやすい。

ブラックペッパー

果実を原料とする香辛料。世界中の熱帯域で栽培されています。強い芳香と辛みは香辛料としてさまざまな料理に広く利用されます。ベリー系の果物とも相性が良い。

グリーンペッパー

胡椒の未熟果を乾燥させたもの。きれいな緑色で柑橘のようなフレッシュで爽やか香りと辛みがアクセントになります。塩漬けや塩水漬けにされたものは粒のまま楽しめます。

クコの実

楕円形の赤い実。ほのかな甘味と酸味があります。そのままでも食べられますが、古くから生薬や薬膳料理、お茶にも使われてきました。中国では栄養価の高さから「不老不死の実」と呼ばれています。

仁淀川山椒

柑橘の産地でぶどうの房のように実り、大半は、天日干しで干されます。粒形は大きく肉厚で、柑橘のような爽やかな香りと強い辛味が特徴です。ペッパーとは違う痺れの辛味があります。

糖分と塩分の選び方と使い方

スイーツペアリングとして味覚で重要なのが糖分です。伝統的なスイーツは甘味の強いものが多く、合わせるドリンクを無糖にしてバランスを取ることが可能でした。

現在のスイーツは、単体で美味しく感じる甘さに仕上がっているものが好まれる傾向にあり、合わせるドリンクが無糖だとスイーツの甘味をドリンクが奪ってしまう結果、フルーツ系なら酸っぱく、ショコラ系なら苦く感じてしまいます。

スイーツ本来の美味しさを楽しむ為のドリンクにも糖度バランスをとる必要があります。

但し、アフタヌーンティーのような一度に数種類のスイーツを味わう場合はリセット効果でそれぞれのスイーツを新たな感覚で楽しめる無糖のドリンクが最適です。ドリンクに選ぶ糖類の種類はスイーツとの相性により選択し、単に甘味をつけるだけではなく、ペアリングを香りで繋げる要素やトロミなどの濃度をつける役割もあります。トロミにより舌の滞在時間が長くなり香りの持続性を上げたり、糖度の度合いでシロップ状にしてドリンクを層にしたり、別添えにして入れるタイミングで味の変化が楽しめたり、好みの甘味に調整も可能にします。濃く出しや焦がして風味づけにも使用します。スイーツの糖分が高い時はドリンクに苦味と、酸味を足して相殺させます。逆にドリン

オレンジハチミツ

オレンジの花のハチミツ。オレンジ特有の程よい苦みと酸味、強い甘みスッキリした後味が特徴。柑橘を使ったドリンクに合わせて使うと更に香りが広がります。肉料理とも相性がよい。

アガベシロップ

自然で上品な甘さでクセがないため後口もスッキリ。ドリンクとしては水溶性で溶け易く、加熱にも強いです。甘さは砂糖の130％、カロリーは20％低くヘルシーなシロップ。

クで甘くしたい時には塩味や旨味を足すことで甘味を足さずに強く感じさせることも可能です。

　フルーツの変色を抑えたり、酸味をまろやかにする効果もあります。塩の代わりにグラスにスノースタイルにするなどの甘味とプラスのビジュアルや食感としての使用も可能です。

　種類、使用方法、分量をスイーツに合わせてドリンクに使い分けています。

　塩も様々な種類と使い方を知る事でドリンクの幅が広がります。液体に溶かしてしまうと塩味が強くなるので、分量や使用方法を考える必要があります。効果的な方法として、カクテルの様にグラスの淵につけたスノースタイルは見た目の美しさも演出できます。少量の塩味は甘い飲み物をより甘く感じさせ、味わいに輪郭をつけてバランスを整える効果や、食感がアクセントにもなります。フルーツやキャラメル、チョコレートにも上手く取り入れれば、より素材を引き立てる事が出来ます。ドリンクには塩味と香りの少ない岩塩を使用する場合が多く、柑橘のピールやドライハーブなどを混ぜ合わせた塩は香りがプラスされます。但し、塩味と磯の香りが強く旨味もある海塩や藻塩をドリンクに使用する場合は合わせる素材との組み合わせに注意が必要です。

ハーブ塩

ドライの大葉と塩を合わせたハーブ塩。ドリンクのスノースタイルにすれば香りと塩味をプラスできます。料理にはグリルした野菜や魚、肉につけるだけで風味が増します。

ピンクソルト

鉄分を含んでいて甘味が感じられます。海塩と比べて塩っぱさがないためドリンクの味を損なわずにアクセントとして使用できます。

033

ペアリングの妙（実例）

Pairing 1

〈オペラ from「PHILIPPINES」〉
×
〈珈琲のようなほうじ茶〉

オペラ from「PHILIPPINES」

ナッツ類、コーヒー、黒糖の風味が感じられる
フィリピン産カカオにも近い香りを感じられる小豆を使用し、
フランスの伝統菓子である「オペラ」を作りました。
カカオに合わせてコーヒーもフィリピン産のものを使用。
白下糖を使ったビスキュイが優しく上品な甘さを加えます。

(How to make_P.036)

スイーツを提案し、その味と香りに合うドリンクを考える。
それを辻口氏がもう一度確認してスイーツとドリンクをもう一度調整する。
こうして生まれたペアリングの形です。

珈琲のようなほうじ茶

フィリピン産のカカオを使ったオペラに合わせて、
自家焙煎で強めに火入れしロースト香と苦味を引き出した
深煎りほうじ茶ベースのドリンクを考案しました。
ローストしたチコリで珈琲の様なキレのある苦味や後味を演出し、
甘さと対比させています。フィリピンのカカオの持つナッツや
小豆の様なフレーバーに合わせて、珈琲のカスカラ、
小豆茶を加えました。カカオやほうじ茶といった香ばしい香りを
持つもの同士で合わせ、カスカラでドライフルーツの様な酸味、
仕上げに柚子ピールで華やか香りを加えて、
単調にならない様、アクセントにしています。

□ = Sweets □ = Drink □ = 共通
A ハーバル, B スパイシー, C ナッティ, D ウッディ,
E スモーキー, F トースデッド, G カラメル, H ミルキー,
I 発酵, J 熟成香, K スイート, L スイートフルーツ,
M ベリー, N シトラス, O トロピカル, P フローラル

（制作／香飲家・藤岡　How to make_P.037）

035

Pairing 1

オペラ from「PHILIPPINES」

白下糖を使用したビスキュイ

【材料(20個分)】
全卵……317.4g
白下糖……236.9g
卵白……207g
黒糖……46g
アーモンドプードル……236.9g
薄力粉……97.29g
無塩バター……92g

【作り方】
1 アーモンドプードルと薄力粉は一緒にふるい、バターは火にかけて溶かす。
2 全卵と白下糖で合わせて火にかける。
3 1のアーモンドプードルと薄力粉、2を合わせて、ミキサーを回す。
4 卵白と黒糖を混ぜ、メレンゲを作る。
5 3と4のメレンゲを軽く合わせる。
6 温めたバターを加え、鉄板に流し入れ、180℃のオーブンで11分焼成する(鉄板4枚分)。

フィリピン産コーヒーのクレームオブール

【材料(20個分)】
牛乳……127.1g
卵黄……109.3g
無塩バター……237.1g
EX カフェ※……31.4g
VSOP(ブランデー)……9.3g
※EX カフェ(仕込量80g)
　　水(A)……12g
　　砂糖……40g
　　フィリピン産コーヒー豆……13.33g
　　水(B)……26.67g
　　フィリピン産エスプレッソ……8g

【作り方】
1 EX カフェを作る。鍋に砂糖と水(A)を入れ、190℃まで煮詰めて、砂糖をしっかり焦がし、色づけている状態にする。フィリピン産のエスプレッソコーヒーとコーヒー豆と水(B)を入れ温度を止める。
2 別鍋に牛乳を入れて温める。
3 ボウルに卵黄と1のEX カフェを入れて、混ぜ合わせる。
4 2と3でアングレーズを作り、VSOP を加える。
5 粗熱を取り、30℃以下になってからポマード状のバターを入れる。
6 バターを入れながらミキサーで回し、ふんわりとしたクレームオブールカフェを作る。

FARM to BAR PHILIPPINES ショコラガナッシュ

【材料(20個分)】
FARM to BAR ショコラ フィリピン……268.6g
牛乳……124.1g
生クリーム(脂肪分35%)……68g
グラニュー糖……11.39g
無塩バター……64.6g

【作り方】
1 牛乳、生クリーム、グラニュー糖を合わせて沸かし、ショコラに加えて溶かす。
2 氷水にあてて冷まし、39℃になったらバターを加えてしっかり撹拌し、乳化させる。

グラッサージュ(フィリピン)

【材料(20個分)】
生クリーム(脂肪分35%)……300g
水飴……150g
粉ゼラチン……15g
トレハロース……112.5g
水……112.5g
FARM to BAR ショコラ フィリピン……172.5g
ミロワール(ナパージュヌートル)……660g
コンデンスミルク……187.5g

【作り方】
1 鍋に生クリームと水飴を入れ、火にかける。
2 フツフツとしたら、トレハロース、粉ゼラチン、水を入れる。
3 ボウルにショコラを入れ2と合わせる。
4 乳化したらミロワール、コンデンスミルクと合わせる。

カフェシロップ

【材料(20個分)】
水……307.7g
グラニュー糖……46.2g
フィリピン産コーヒー……12.3g
ハスク……24.6g
VSOP(ブランデー)……9.2g

【作り方】
1 鍋に水、グラニュー糖、コーヒー、ハスクを入れて火にかけて沸かし、沸いたら冷ます。
2 冷めたらVSOP を加える。

飾り

【材料（20個分）】
粒あん・・・250g

【作り方】

1 鉄板にOPPシートを敷き、その上に粒あんを流し平らに伸ばして冷凍する

2 1をランダムにカットする。

モンタージュ

【飾り】
小豆（粒あん）……60粒

1 白下糖を使用したビスキュイ4枚のうち、1枚の焼き面にカフェシロップを全体に打ち、フィリピン産コーヒーのクレームオブールを全体に塗り広げる。

2 白下糖を使用したビスキュイ1枚の焼き面を内側にして重ねる。板をのせて押さえ、ショコラガナッシュと密着させる。

3 2にシロップを全体に打ち、上からガナッシュを塗り広げる。

4 カットした粒あんをランダムに並べていく。

5 もう一枚の白下糖を使用したビスキュイを、焼き面を内側にして重ねる。板をのせて押さえ、クリームと密着させる。

6 5にシロップを全体に打ち、上からフィリピン産コーヒーのクレームオブールを全体に塗り広げる。

7 残り1枚の白下糖を使用したビスキュイ焼き面を内側にして重ねる。板をのせて押さえ、クリームと密着させる。

8 7にシロップを全体に打ち、上からガナッシュを塗り広げ、表面をならして冷蔵する。

9 冷やし固めた本体にグラッサージュをかけ、すばやく塗り広げる。ナイフを温め、水気を拭き取る。グラッサージュが下の層にたれないように、手早くナイフを入れて切り分ける。

10 小豆を3ヶ所に飾る。

Pairing 1
珈琲のようなほうじ茶

珈琲のようなほうじ茶

【材料（仕上がり20人分）】
A 深煎りほうじ茶葉……60g
　カスカラ（無農薬コーヒー）……40g
　ローストチコリ……10g
　コーン茶……20g
　小豆茶……40g
　湯……3.6kg

【作り方】

1 Aの材料を耐熱容器に入れ、96℃の湯を注ぐ。

2 4分浸漬し、茶漉しで濾す。

仕上げ

【材料（1人分）】
珈琲のようなほうじ茶葉……1人分
自家焙煎深煎りほうじ茶葉……3g
　カスカラ（無農薬コーヒー）……2g
　ローストチコリ……0.5g
　コーン茶……1g
　小豆茶……2g
　湯……180g
柚子ピール……少々

【作り方】

1 耐熱グラスにピールで香りをつけ、珈琲のようなほうじ茶を注ぐ。

ペアリングの妙（実例）

Pairing 2
〈無花果とチャイのエクレールキャラメル〉
×
〈紅玉アールグレイカフェラテ〉

無花果とチャイの
エクレールキャラメル

無花果と相性の良いチャイを使ったエクレール。
チャイのスパイシーさの中にほのかに感じる
グレープフルーツの酸味、プラリネやキャラメルの香ばしさが
無花果の味わいをより一層引き立てます。

(How to make_P.040)

紅玉アールグレイ カフェラテ

カフェラテはグァテマラのチョコレートや
ナッツのような香りに、エチオピアモカはフルーティーで
華やかな香りにミルクを合わせました。
最初はそのまま楽しみ、そこに紅玉、ベルガモット、
シナモンの香りにアールグレイを合わせたシロップを足すことで、
スイーツのチャイ感が増します。
さらにアップルパイを食べてるような味に変化してきます。
口の中でさまざまな香りの変化が楽しめます。

（制作／香飲家・片倉　How to make_P.042）

□ = Sweets　□ = Drink　□ = 共通
A ハーバル, B スパイシー, C ナッティ, D ウッディ,
E スモーキー, F トースデッド, G カラメル, H ミルキー,
I 発酵, J 熟成香, K スイート, L スイートフルーツ,
M ベリー, N シトラス, O トロピカル, P フローラル

Pairing 2

無花果とチャイのエクレールキャラメル

シュー生地

【材料（20個分）】
水……133.9g
牛乳……44.6g
無塩バター……80.4g
グラニュー糖……5.4g
珠洲の塩……1.8g
薄力粉……98.2g
全卵……142.9g

【作り方】
1 鍋に水、牛乳、バター、塩、グラニュー糖を合わせて、混ぜながら沸騰させる。
2 薄力粉を1に加えてダマにならないように混ぜ、粉が見えなくなったら、再び火にかけて生地をねる（段々とまとまり、底に膜が張るようになる）。
3 卓上ミキサーのボウルに移し、ビーターで温かいまま撹拌する。
4 全卵をほぐして、3に少しずつ加え、もったりとしてヘラですくうとゆっくりと落ちるほどの固さになるまで混ぜる。

ブロンドショコラとチャイ、キャラメルのクリーム

【材料（20個分）】
水……36g
チャイ……2.4g
コンパウンドクリーム……90g
粉ゼラチン……1.2g
水飴……12g
転化糖……12g
ショコラ（デュルセ）……96g
ショコラ（オパリス）……72g
生クリーム（脂肪分47％）…216g

【作り方】
1 水を沸騰させて刻んだチャイを入れ、アンフィゼする（約5分間）。
2 1に合わせたコンパウンドクリームとゼラチンを入れる。
3 ボウルに2種類のショコラを入れて溶かす。
4 鍋に生クリーム、水飴、転化糖を入れて沸かす。
5 3と4を混ぜ合わせて乳化させる。
6 5と2を合わせる。
7 混ぜ合わせたら一度濾す。

無花果とチャイ、グレープフルーツのジュレ

【材料（20個分）】
コンフィフィグブランシュ……400g
グレープフルーツ果汁……240g
チャイ……3g
アガー……7.2g

【作り方】
1 鍋にグレープフルーツ果汁を入れ、沸騰したらチャイとアガーを合わせてアンフィゼする。
2 コンフィフィグブランシュを刻む。
3 1と2を合わせ、シリコン型に入れて急速冷凍をかける。

キャラメルのカスタード

【材料（20個分）】
キャラメル（使用分は出来上がりの100g）
　生クリーム（脂肪分35％）……160g
　バニラビーンズ……0.4g
　グラニュー糖……280g
　無塩バター……60g
　ゼラチンマス……20g
　コンデンスミルク……280g
パティシエール※……50g

【作り方】
1 キャラメルを作る。A鍋に生クリームとバニラビーンズを合わせアンフィゼしてバニラクリームを作る。B鍋にグラニュー糖を入れて色を付け、茶色くなったら火を止める。B鍋にバニラクリームを入れ、色止めをする。さらにバター、ゼラチン、コンデンスミルクを入れる。
2 1のキャラメル100gとパティシエールを合わせる。

※パティシエール

【材料（作りやすい分量／使用分は出来上がりの50g）】
牛乳……500g
加糖卵黄……119g
グラニュー糖……47.5g
薄力粉……20g
プードルアラクレーム……25g
バニラビーンズ……0.125g
無塩バター……40g

【作り方】
1 牛乳、バニラビーンズの中とさやを鍋で沸かし、火を止めてラップをして10分アンフュゼする。
2 加糖卵黄、グラニュー糖をボウルに入れて白っぽくなるまですり合わせ、ふるった薄力粉、プードルアラクレームを入れて混ぜ合わせる。

3 沸かした*1*を*2*に半量入れなじませ、*1*の手鍋に戻し再度加熱する。

4 液状のものから重たい感触になって少し透き通ってくるまで混ぜる。

5 さらに少し加熱し、艶が出てきたら火を止めて角切りしたバターを加え、余熱で混ぜる。

6 網で漉し、15℃(菌が繁殖しない温度帯)まで混ぜながら氷水にあてて急冷する。

白ごまとピーカンナッツプラリネのクロッカン

【材料(20個分)】
ピーカンナッツ……40g
グラニュー糖……20g
白ごまペースト……40g

【作り方】
1 ピーカンナッツとグラニュー糖を合わせキャラメリゼをする。

2 フードプロセッサーで*1*を混ぜ合わせペーストを作る。

3 *2*と白ごまペーストを混ぜ合わせる。

シューサブレ生地

【材料(20個分)】
無塩バター……65g
カソナード……65g
薄力粉……124.8g
食塩……1.04g
バニラ香料……0.052g
水……10.4g

【作り方】
1 容器に水、バニラ香料、食塩を合わせておく。

2 ボウルに固めのバターをほぐし、カソナードを入れ混ぜ合わせる。

3 *1*に薄力粉を加えて混ぜる。

4 *2*を入れ、全体をきれいに混ぜ合わせる。

5 パイローラーで2mmまで伸ばしていく。

6 1.5×15cmにカットする。

モンタージュ

【材料(20個分)】
白ごまとピーカンナッツプラリネ(シューサブレ生地)
　　……60g
カカオバター……50g
ショコラ(ドゥルセ)……60g(テンパリング)
銀箔……適量
エディブルフラワー……適量

1 星口でシュー生地を絞り15cmにカットする。

2 シューの上にシューサブレ生地をのせ、160℃のオーブンで1時間焼成する。

3 焼き上がったエクレアを冷まし、横にスライスする(高さ1.5cm)。

4 シュー(上部)を粗刻みにする

5 白ごまとピーカンナッツプラリネ、カカオバター、ショコラ(ドゥルセ)を混ぜ合わせる。

6 下段にクリームを詰めるので内側の層をスプーンで押し広げ、絞りやすくする。

7 *4*にキャラメルのカスタード、白ごまとピーカンナッツプラリネを絞る。

8 ブロンドショコラとチャイ、キャラメルのクリームを卓上ミキサーで泡立て上記の上に絞る(星口)。

9 *8*にテンパリングしたドゥルセ(薄いシート)を置く。

10 *9*の上に無花果とチャイ、グレープフルーツのジュレを置く。

11 *3*でカットした上部の部分(100g)を刻み、周りに貼り付けていく。

12 トップに銀箔、エディブルフラワーを飾り提供する。

Pairing 2
紅玉アールグレイカフェラテ

紅玉アールグレイスパイスシロップ

【材料（仕上がり400g）】
紅玉ソース※1……300g
スパイスアールグレイ※2……100g
【作り方】
1 容器に紅玉ソース、スパイスアールグレイを入れて混ぜ合わせる。

※1 紅玉ソース

【材料（仕上がり490g）】
紅玉・ピューレ……1000g
グラニュー糖……80g
レモン・ピューレ……10g
【作り方】
1 紅玉・ピューレを漉し網とサラシで濾す。（1000gが400gになる）
2 鍋に1の紅玉・ピューレ、グラニュー糖、レモン・ピューレの半量を入れ中火にかけ、グラニュー糖が溶けるまで煮溶かす。
3 2のグラニュー糖が溶けたら氷水に当てて冷やし、残りのレモン・ピューレを入れて混ぜる。

※2 スパイスアールグレイ

【材料（仕上がり350g）】
沸騰した湯……500g
アールグレイ茶葉……15g
タイティー茶葉……5g
クローブ（ホール）……0.5g
カルダモン（ホール）……1g
スターアニス……5g
シナモンカシア……10g
ブラックペッパー……1g
グラニュー糖……100g
ベルガモット・ピューレ……45g
【作り方】
1 鍋に湯、アールグレイ茶葉、タイティー茶葉、クローブ（ホール）、カルダモン（ホール）、スターアニス、シナモンカシア、ブラックペッパーを入れ半量まで煮詰めたらグラニュー糖を入れ、溶けるまで煮溶かす。
2 1のグラニュー糖が溶けたら氷水に当てて冷やし、ベルガモット・ピューレを入れて混ぜる。

仕上げ

【材料】
エスプレッソ……17g
無調整牛乳……100g
紅玉アールグレイスパイスシロップ……25g
アールグレイ茶葉、シナモン（粉末）
　　……適量（アールグレイ茶葉20g：シナモン1gの割合）
【作り方】
1 エスプレッソを抽出する。スモークをグラスに纏わせて瞬間的に冷やして香りを閉じ込める。
2 グラスに氷、牛乳、エスプレッソの順に注ぐ。
3 ミルクピッチャーに紅玉アールグレイシロップを注ぎ、アールグレイ茶葉（粉末）をふって一緒に提供する。

ペアリングの妙（実例）

Pairing 3
〈ミルフィーユカカオ ベネズエラ〉
×
〈サマーオレンジアイスウーロン〉

ミルフィーユカカオ ベネズエラ

ベネズエラ産のショコラを使用しアプリコットを
アクセントに忍ばせた濃厚なミルフィーユです。
ブラッドオレンジを思わせる柑橘香や
ペッパーの辛味のような香りが特徴の
ベネズエラショコラを各パーツに使いました。
仕上げにキャラメリゼしたフィユタージュで
サンドし食感を加えます。

（How to make_P.046）

サマーオレンジ
アイスウーロン

ベネズエラのショコラの特徴である柑橘系、レモングラスや
ペッパーの辛味の印象からインスピレーションしたドリンク。
夏みかんにレモンの酸味を加えた甘酸っぱいソースと、
レモングラスとみかんの香りのする仁淀川山椒を
ハーブティーにして香りとスパイシーさをプラスします。
最後にベネズエラの国花であるランの香りのある蘭烏龍茶で
花の香りと青茶の爽やかな後味のお茶で割り、
山椒の若葉を浮かべ、フレッシュな香りで仕上げました。

（制作／香飲家・田中　How to make_P.048）

☐ = Sweets　☐ = Drink　☐ = 共通
A ハーバル, B スパイシー, C ナッティ, D ウッディ,
E スモーキー, F トースデッド, G カラメル, H ミルキー,
I 発酵, J 熟成香, K スイート, L スイートフルーツ,
M ベリー, N シトラス, O トロピカル, P フローラル

Pairing 3

ミルフィーユカカオ ベネズエラ

ビスキュイカカオ

【材料（20個分）】
加糖卵黄……69g
グラニュー糖（A）……30.5g
卵白……83.5g
グラニュー糖（B）……42g
薄力粉……16g
コーンスターチ……16g
ココアパウダー……17.5g
無塩バター……36.5g
胡桃……160g

【下準備】
1 薄力粉、コーンスターチ、ココアパウダーを一緒にふるい、バターは火にかけ、溶かす。

【作り方】
1 加糖卵黄とグラニュー糖（A）を合わせて火にかけ、人肌まで温める。
2 *1*を卓上ミキサーで泡立てる（パータボンブ）。
3 卵白とグラニュー糖（B）を混ぜ、メレンゲを作る。
4 *1*と*2*を軽く合わせる。
5 *4*とふるった粉類をきれいに混ぜ合わせていく。
6 溶かしバターを入れて胡桃を加え、180℃のオーブンで9分焼成する。

※1 ディプロマット（ベネズエラ）

【材料（20個分）】
パティシエール※2……300g
生クリーム（脂肪分47%）……80g
生クリーム（脂肪分35%）……80g
コンパウンドクリーム……40g
グラニュー糖……14g

【作り方】
1 ボウルに生クリーム類、グラニュー糖を入れて卓上ミキサーで7分まで泡立てる。
2 パティシエールと*1*のシャンティを6割り程度混ぜる。

※2 パティシエール

【材料（20個分）】
牛乳……1000g
加糖卵黄……238g
グラニュー糖……95g
薄力粉……40g
プードルアラクレーム……50g
バニラビーンズ……0.25g
無塩バター……80g

【作り方】
1 牛乳、グラニュー糖1掴み、バニラビーンズを入れて沸かし、火を止めてラップで10分間蓋をして香りを移す。
2 ボウルに加糖卵黄、グラニュー糖、薄力粉、プードルアラクレームを混ぜ合わせる。
3 沸かした*1*を*2*に半量入れてなじませ、*1*の片手鍋に戻し、再度加熱する。
4 液状のものから重たい感触になってきて少し透き通った感じに変わるまで混ぜる。
5 さらに少し加熱し、艶が出てきたら火を止めて、角切りにしたバターを加え、余熱で混ぜる。
6 網で漉し、菌が繁殖しない温度帯（15℃）まで混ぜながら氷水にあてて急冷する。

ディプロマットショコラ（ベネズエラ）

【材料（20個分）】
FARM to BAR ショコラベネズエラ……20g
ディプロマット（ベネズエラ）※1……100g
ブラッドオレンジ・ピューレ……8g
ブラッドオレンジコンサントレ……9g

【作り方】
1 ブラッドオレンジ・ピューレとブラッドオレンジコンサントレを温めショコラと合わせ乳化させガナッシュを作る。
2 *1*とディプロマット（ベネズエラ）を合わせる。

ガナッシュモンテ

【材料（20個分）】
FARM to BAR ショコラベネズエラ……220g
水飴……40g
転化糖……40g
生クリーム（脂肪分35%）……520g
レモングラス……12g
アプリコット・ピューレ……180g

【作り方】
1 鍋に生クリームを入れて火にかける。
2 *1*が沸いたら、刻んだレモングラスを入れてアンフィゼする（約5分間）。
3 ショコラを刻み、湯煎で溶かす。
4 溶けた*3*に*2*を入れ、乳化させる。
5 次にアプリコット・ピューレと水飴、転化糖を入れ混ぜ合わせる。

アプリコット漬け

【材料(20個分)】

セミドライアプリコット……適量

アプリコットリキュール……適量

【作り方】

1 セミドライアプリコットをカットし、アプリコットリキュールと混ぜ合わせる。

フィユタージュ

【材料(20個分)】

デトランプ

薄力粉……261g

強力粉……261g

カカオハスク……13.6g

塩……5.5g

無塩バター……85g（角切りにカットする）

グラニュー糖……49.5g

ハスク水

水……500g

カカオハスク（FARM to BAR ショコラ ベネズエラ）……50g

無塩バター……485g

【作り方】

〈デトランプを作る〉

1 ボウルに粉類、カカオハスク、バター、塩、グラニュー糖を入れる。

2 バターがポロポロとした細かい粒になるまで混ぜ合わせる。

3 水とカカオハスクを合わせたハスク水を*2*に入れ、1つにまとめる。

4 大理石の上で生地をまとめ、十字に切り込みを入れ、ビニールで包み冷蔵庫で一晩休ませる。

〈パイ生地を折る〉

1 休ませたデトランプを切り込みの部分から開く。

2 長方形になるように麺棒で軽く広げるようにしながら、全体の厚みを均一にする。※このとき打ち粉は、なるべく少なめにした方がよい。

3 パイローラーにデトランプを通し、厚さ9mmまでのばす。

4 麺棒で長方形に整え、バターの長方形の2倍よりも少し大きくなるようにする。

5 デトランプの上にバターを置き、包み込む。

6 閉じ目をつなぎ左右も閉じて、完全にとじ込めたら冷蔵庫で1時間休ませる。

7 休ませた生地を麺棒で叩き伸ばしてから、パイローラーにかける。

8 目盛りを少しずつ落としながら厚さを9mmまでのばす。

9 三つ折りし、麺棒で叩き伸ばしてから90度転回し、パイローラーにかける。

10 *9*の作業を4回繰り返し、生地を休ませながら向きを変えて折り重ねていく。

モンタージュ

【飾りの材料】

プラム（1個を1/8カットする）……適量

マルドン塩……少々

ブラッドオレンジ・ゼスト……適量

FARM to BAR ショコラベネゼエラ……適量

【作り方】

1 シルパンを敷いた鉄板にフィユタージュを置き、浮きすぎないように1cmのバールを間にのせ、上に鉄板を置く。

2 180℃のオーブンで約25分焼成する。

3 オーブンから出して全体に粉糖をふり、220℃のオーブンで4、5分粉糖が溶けるまでキャラメリゼする。

4 *3*が冷めたら縦10cm、横1.7cmにカットする。

5 ビスキュイカカオを縦10cm、横2.5cmにカットする。

6 *5*の上にディプロマットショコラ（ベネズエラ）を絞る。

7 アプリコット漬けを飾る。横にフィユタージュを貼り付ける。

8 *7*の上にガナッシュモンテを絞る。

9 プラムとマルドンの塩を飾る。

10 提供時にブラッドオレンジ・ゼストとショコラを削り提供する。

Pairing 3

サマーオレンジアイスウーロン

夏みかんソース

【材料(仕上がり1600g)】
夏みかん・ピューレ……1000g
グラニュー糖……500g
レモン・ピューレ……100g
【作り方】
1　夏みかん・ピューレを火にかけてグラニュー糖を溶かし、火を止めてレモン・ピューレを加えて冷ます。

山椒レモングラスティー

【材料(仕上がり約900g)】
湯……1000g
仁淀川山椒……3g
レモングラス……3g
【作り方】
1　沸騰した湯に仁淀川山椒とレモングラスを入れる。冷めるまで常温に置き、濾さずにそのまま冷蔵庫で冷やす。

蘭烏龍茶

【材料(仕上がり約900g)】
湯……1000g
蘭烏龍茶葉……30g
【作り方】
1　沸騰した湯に茶葉を入れ、茶葉が開ききるまで待ち、茶漉しで漉して冷ます。

仕上げ

【材料(1人分)】
夏みかんソース……30g
山椒レモングラスティー……20g
蘭烏龍茶葉……50g
【飾り】
実山椒(山椒レモングラスティーで濾して残ったもの)
　　……3粒
木の芽……適量
【作り方】
1　夏みかんソース、濾した山椒レモングラスティー、蘭烏龍茶を混ぜ合わせて、グラスに注ぐ。
2　山椒レモングラスティーを濾した時に、ザルに残った実山椒を3粒と木の芽を叩いて香りを出してのせる。

ペアリングの妙（実例）

Pairing 4
〈巨峰のヴェリーヌ〉
×
〈狭山茶のジャパニーズレモネード〉

巨峰のヴェリーヌ

晩夏に旬が訪れる巨峰と無花果を
残暑でもツルリと食べられるヴェリーヌに仕上げました。
柚子のジュレを加えさらに爽やかに。
柑橘と相性の良いスパイス"ティムットペッパー"を忍ばせた
ムラングや巨峰のチップで食感を加えます。
食べ進めるごとに異なる組み合わせの
表現をお楽しみ頂けます。

（How to make_P.052）

狭山茶の
ジャパニーズレモネード

アメリカンレモネードをイメージし、
狭山茶をベースにノンアルコールのスパークリングワインを
合わせる事でシンプルな仕上がりにしました。
氷を入れて長く楽しめる濃度で作り、
煎茶のシロップで質感を持たせ、甘味を強めています。
夏みかんの柑橘の酸をアクセントに加え、
スイーツの山椒やオレンジ、柚子の要素に寄り添わせました。

（制作／香飲家・藤岡　How to make_P.053）

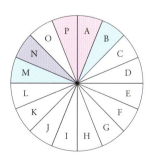

□= Sweets □= Drink □=共通
A ハーバル, B スパイシー, C ナッティ, D ウッディ,
E スモーキー, F トーステッド, G カラメル, H ミルキー,
I 発酵, J 熟成香, K スイート, L スイートフルーツ,
M ベリー, N シトラス, O トロピカル, P フローラル

Pairing 4

巨峰のヴェリーヌ

巨峰ジュレ
――

【材料(20個分)】
水……90g
グラニュー糖……30g
粉ゼラチン……2.4g
巨峰ジュース……80g
フランボワーズビネガー……14g

【作り方】
1 鍋に水、巨峰ジュース、グラニュー糖を入れて温める。
2 *1*にゼラチンを入れ、冷ます。
3 とろみがついてきたらフランボワーズビネガーを入れる。

柚子ジュレ
――

【材料(20個分)】
A 水……41.76g
　 グラニュー糖……15.19g
　 トレハロース……3.80g
　 粉ゼラチン……0.91g
B シャンパン……26.58g
　 柚子果汁……9.49g
　 ソミュール……2.28g

【作り方】
1 鍋にAの全量を入れ、1回沸騰させて冷ます。
2 *1*にとろみがついたらBを全量入れる。

ムラングカシス
――

【材料(20個分)】
卵白……400g
グラニュー糖……400g
粉糖……400g
カシスパウダー……40g

【作り方】
1 卵白とグラニュー糖を混ぜ、メレンゲを作る。
2 粉糖とカシスパウダーを合わせてふるう。
3 *1*に*2*を合わせてランダムに絞っていく。
4 100℃のオーブンで90分焼成し、125℃のオーブンで15分焼成する。

ムラングティムットオランジュ
――

【材料(20個分)】

卵白……400g
グラニュー糖……270g
トレハロース(A)……54g
トレハロース(B)……200g
コーンスターチ……32.8g
ティムットペッパー……2.2g
アーモンドプードル……72g
オレンジ・ゼスト……4g

【作り方】
1 ボウルに卵白とグラニュー糖、トレハロース(A)を混ぜ、メレンゲを作る。
2 残りの材料を合わせてふるう。
3 メレンゲの中に*2*を合わせて絞っていく。
4 100℃のオーブンで90分焼成し、125℃のオーブンで15分焼成する。

巨峰チップ
――

【材料(20個分)】
巨峰・ピューレ……50g
コーンスターチ……20g
トレハロース……50g
水……250g
紫色素……適量

【作り方】
1 鍋に全ての材料を入れ沸騰させる。
2 *1*を熱いうちにシルパットに流す。
3 パレットナイフで平らに伸し125℃のオーブンで20分焼成する。

リコッタシャンティ
――

【材料(20個分)】
シャンティ……200g
リコッタチーズ……100g
バイオレットアロマ……0.4g

【作り方】
1 全材料を混ぜ合わせる。

モンタージュ
――

【材料(1個分)】
巨峰……21g
無花果……10g
フランボワーズペパン……40g

【作り方】
1 カップに巨峰ジュレを入れ、上から丸口金でリコッタシャンティを絞る。

2 巨峰を湯むきし、1のクリームの上に飾る。

3 無花果をカットして巨峰の隣に飾る。

4 巨峰、無花果の上にフランボワーズペパンをかけていく。

5 4に柚子ジュレ、ムラングカシスとムラングティムットオランジュを飾り、巨峰チップを飾る。

Pairing 4

狭山茶のジャパニーズレモネード

煎茶ショット

【材料(仕上がり30g)】
狭山茶葉(煎茶)……4g
狭山茶葉(浅煎りほうじ茶)……1.5g
湯(60℃)……60g

【作り方】

1 煎茶と浅煎りほうじ茶を合わせる(合組)。

2 1をステンレスフィルターをセットした浸漬式ドリッパーに入れ、60℃の湯を注ぐ。

3 30秒浸し、味を透過する。

4 抽出されたお茶を再度茶葉に戻して10秒浸して、透過する。

5 4の工程を8回程繰り返し、濃度を高める。

緑茶シロップ

【材料(仕上がり240g)】
ガムシロップ……250g
狭山茶葉……10g

【作り方】

1 ガムシロップに狭山茶葉を加えて、湯煎にかける。

2 撹拌しながら温め、温度計でシロップの温度が80℃になったら10分程浸し、茶漉しで濾す。この時しっかりと絞り切る。

3 2を急冷して粗熱を取る。

仕上げ

【材料(1人分)】
緑茶シロップ……10g
夏みかん・ピューレ……20g
ノンアルコールスパークリングワイン……40g
煎茶ショット……30g

【作り方】

1 氷を入れたグラスに緑茶シロップと夏みかん・ピューレを合わせ、スパークリングワインを注ぐ。

2 1のグラスに煎茶ショットを注ぎ仕上げる。

ペアリングの妙（実例）

Pairing 5
〈フォレノワール（カカオブランコ）〉
×
〈あまおうと薔薇の赤いスパイスコーヒー〉

フォレノワール（カカオブランコ）

伝統的なフランス菓子「フォレ・ノワール」を
さくらんぼに見立てたショコラムースとグリオットで作りました。
グリオット果汁のジュレを重ね
ムースの濃厚さに爽やかさを加えます。
バレンタインのこの時期らしく
ショコラを味わえるプチガトーに仕上げました。

(How to make_P.056)

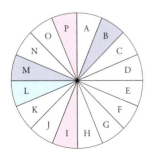

あまおうと薔薇の赤いスパイスコーヒー

アラブ湾岸諸国のスパイスコーヒーをイメージ。
カカオブランコの個性的な酸味や香り、質感に寄り添う様に、
華やかな香りのエチオピアナチュラルを深煎りで使用。
グリオットの印象を引き立たせる為、あまおうや薔薇をベースに
アメーラトマト、サフラン等のスパイスを加えて
複雑な香りと一体感が出る様に組み合わせました。

（制作／香飲家・藤岡　How to make_P.057）

□ = Sweets □ = Drink □ = 共通
A ハーバル, B スパイシー, C ナッティ, D ウッディ,
E スモーキー, F トーステッド, G カラメル, H ミルキー,
I 発酵, J 熟成香, K スイート, L スイートフルーツ,
M ベリー, N シトラス, O トロピカル, P フローラル

Pairing 5

フォレノワール（カカオブランコ）

グリオット煮

【材料（20個分）】
冷凍グリオットホール……140g
水……48g
砂糖……58.5g
フランボワーズ・ピューレ……10g
バニラビーンズ……適量
アニス（シード）……0.5個

【作り方】
〈グリオットチェリーを漬け込む〉
1 鍋にグリオットホール以外の材料を入れて、沸騰させる。
2 1にグリオットホールを入れて一煮立ちさせ、火を止めて一晩寝かす。

グリオットジュレ

【材料（20個分）】
グリオット煮のシロップ……245g
レモン果汁……10g
トレハロース……19g
イナアガー……3.6g

【作り方】
1 鍋にグリオット煮のシロップとレモン果汁を入れる。
2 ボウルにトレハロースとイナアガーを合わせ、1に入れて沸騰させる。
3 冷ました2をリンゴのシリコン型に流し入れ、冷やし固める。

クレームシャンティ

【材料（20個分）】
生クリーム（脂肪分35％）……210g
生クリーム（脂肪分47％）……210g
コンパウンドクリーム……180g
砂糖……18g

【作り方】
1 ボウルに全ての材料を入れ、ハンドミキサーで7分立てにする。

ジェノワーズショコラ

【材料（20個分）】
全卵……412g
グラニュー糖……218g

水飴……21.5g
薄力粉……165g
ココア……35.75g
無塩バター……44g

【作り方】
1 全卵とグラニュー糖と水飴をボウルに入れて40℃ぐらいまで温めて、ハンドミキサーを使い高速で7分ほど立てる。その後中速で5分立て、低速で5分かける（持ち上げた時にもったりとなって筋が残るまで）。
2 ふるった薄力粉とココアを1に入れさっくりと混ぜ、溶かしバター少量を生地に取り混ぜ、元の生地に2回に分けてバターを混ぜ、サックリと合わせる。
3 クッキングシートを敷いた鉄板に生地を流し入れ、平らにならして、180℃のオーブンで10分〜15分焼成する。
4 熱が取れたら5mm厚さにスライスして、直径3.6cmに抜く。

シュトロイゼルショコラ

【材料（20個分）】
無塩バター……100g
グラニュー糖……50g
カソナード……50g
珠洲の塩……1.3g
薄力粉……50g
強力粉……50g
ココアパウダー……16.7g
アーモンドパウダー……80g

【作り方】
1 バターは室温にもどす（指で押せるほどのやわらかい物を使用する）。
2 薄力粉、強力粉、アーモンドパウダー、ココアパウダーは一緒にふるっておく。
3 バターをビーターで撹拌しながら、グラニュー糖、カソナード、珠洲の塩を加えて混ぜる。
4 砂糖類が見えなくなったら中速でしっかり混ぜる。
5 2の全量を一気に加え、低速で混ぜ合わせる。
6 混ぜ終わったらひとまとまりにしてラップで包み冷蔵庫で一晩休ませる。
7 6を2mmに伸ばし直径7cm型で抜いて、160℃のオーブンで20分焼成する。

グラッサージュノワール

【材料（20個分）】
生クリーム（脂肪分35％）……200g
水飴……160g
トレハロース……150

カカオマス……150g
粉ゼラチン……7g
ロイヤルミロワールヌートル……500g
コンデンスミルク……125g
赤色素……適量

【作り方】

1 鍋に生クリーム、水飴、トレハロースを入れて温める。

2 粉ゼラチンを加えて溶かし、カカオマスと合わせて乳化させる。

3 ロイヤルミロワールヌートル、コンデンスミルクを加えて混ぜ合わせ、赤色素を加えてハンドブレンダーで撹拌する。

センター部分の組み立て

【材料（約20個分）】
グリオットジュレ……10g
クレームシャンティ……30g
グリオット……7粒

【組み立て】

1 円柱シリコン型にグリオットジュレを流し冷やし固める。

2 シャンティをジュレの上に絞る。

3 シャンティの上にグリオットホールを飾り入れ冷凍する。

ムースショコラシャンティ

【材料（約20個分）】
FARM to BARショコラ ペルー カカオ ブランコ……325g
牛乳……130g
転化糖……25g
フェッテ（生クリーム脂肪分35％）……500g
ジェノワーズショコラ……スライス20枚

【作り方】

1 鍋にショコラ、牛乳、転化糖を合わせて65℃で乳化させる。

2 フェッテ（生クリーム脂肪分35％）を加えて合わせ、リンゴ型の1/3まで流し込む。

3 センターを入れる。9割ムースを入れ、ジェノワーズショコラで蓋をして、冷凍庫で冷やし固める。

モンタージュ

【飾り】
ショコラ……適量

1 リンゴ型から外し、グラッサージュノアールをかける。

2 シュトロイゼルの上に*1*をのせる。

3 飾りのショコラを添える。

Pairing 5

あまおうと薔薇の赤いスパイスコーヒー

あまおうスパイスシロップ

【材料（仕上がり・20人分）】
あまおう・ピューレ……200g
アメーラトマト ……100g
グラニュー糖……100g
水……50g
トンカ豆……1個
カルダモン……4個
サフラン……0.6g

【作り方】

1 分量を測りスパイス以外をミキサーに入れて撹拌する。

2 鍋に移し、弱火で加熱し、スパイスを加えて煮立たせる。

3 水分量を減らして濃度を高め、茶漉しで漉し、粗熱をとる。

仕上げ

【材料（1人分）】
エチオピアナチュラル（コーヒー豆）……16g
湯……240g
あまおうスパイスシロップ……20g
ローズウォーター……2g

【飾り】
薔薇（ベルローズ）……適量

【作り方】

1 エチオピアナチュラルでドリップコーヒーを淹れる。

2 耐熱のワイングラスにあまおうスパイスシロップを入れ、*1*の淹れたての珈琲を注ぎ、混ぜ合わせる。

3 薔薇を浮かべ、ローズウォーターを吹き付ける。

ペアリングの妙（実例）

Pairing 6
〈タルト温州みかん〉
×
〈宇和島3Sみかんと
佐渡島産おけさ柿のスロージュース〉

タルト温州みかん

温州みかんが主役のタルト。
パーツごとに葉、果皮、果肉を使うことで
温州みかんの爽やかな香りと甘みを
より感じられるように仕上げました。
ジュレにはハイビスカスティを使い華やかさをプラス。
タルトには杏仁のやさしい甘味をクリームに閉じ込めることで
すっきりと食べられるように仕上げました。

（How to make_P.060）

宇和島3Sみかんと佐渡島産 おけさ柿のスロージュース

みかん同士を合わせた相乗効果のペアリングです。
甘味と酸味がしっかりとしていて味も香りも濃厚な
3Sみかんを皮ごとスロージュースにしました。
スイーツにも使用されているハイビスカスを加え、
甘さや濃度に合わせる為に、おけさ柿でトロミを出す事で
口の中で一体感が生まれます。清涼感の香りにジャスミンと、
カモミールの甘みのある香りでバランスを整えて仕上げた、
みかんを楽しむペアリングドリンクです。

（制作／香飲家・片倉　How to make_P.061）

☐ = Sweets　☐ = Drink　☐ = 共通
A ハーバル, B スパイシー, C ナッティ, D ウッディ,
E スモーキー, F トーステッド, G カラメル, H ミルキー,
I 発酵, J 熟成香, K スイート, L スイートフルーツ,
M ベリー, N シトラス, O トロピカル, P フローラル

Pairing 6
タルト温州みかん

パートシュクレ（クッキー生地）
【材料（φ7cm、サイド1mm、底1.5mmのタルトリング 20個分）】
無塩バター……112.5g
粉糖……84.4g
ゲランドの塩……1.9g
薄力粉（A）……56.25g
アーモンドプードル……28.1g
薄力粉（B）……165.6g
全卵……46.9g
カカオバター……40g
【作り方】
1 ボウルにバターを練り、薄力粉（A）を加えてほぐす。
2 粉糖、塩を入れて混ぜ、全卵を加えひとまとまりにし、アーモンドプードルと薄力粉（B）を入れて、混ぜる。
3 セルクル（φ7cmのタルトリングを使用）に合わせたサイズにカットし、型に入れる。上にタルトストーンを詰めて160℃のオーブンで20分程焼成する。粗熱がとれたら内側に薄くカカオバターを塗る。

みかん漬け
【材料（0.8玉/個 20個分）】
みかんの葉……40g
湯……480g
グラニュー糖……80g
ハチミツ……48g
バニラ……1/2本
温州みかん……16玉（個）
【作り方】
1 みかんの葉を粗く刻み、沸かしたお湯に10分漬け込む。
2 グラニュー糖、ハチミツ、バニラを加え、温州みかんの実を入れて一晩冷蔵庫に入れて漬け込む。

ジェノワーズ
【材料（φ4cm、6mmのスライス 20個分）】
全卵……167.0g
加糖卵黄……55.6g
グラニュー糖……104.3g
テナベイク……0.1g
薄力粉（A）……90.0g
薄力粉（B）……17.6g
バター……27.8g
ハチミツ……6.9g
アンビバージュ（8g/個）
　みかんの漬けのシロップ……25g
　温州みかん・ピューレ……60g
　ハイビスカスティー……30g
【作り方】
1 ボウルに全卵、卵黄、グラニュー糖、テナベイクを入れて、30度で30分立てる。
2 1に薄力粉（A）と薄力粉（B）を合わせ、ハチミツ、バターを入れて軽く混ぜる。
3 カードルに流し、180℃のオーブンで35分程焼成。
4 みかん漬けのシロップ、ハイビスカスティー、温州みかん・ピューレを合わせてアンビバージュを作る。
5 3を6mmにスライスして、φ4cmの型で抜き、アンビバージュを1個に対し、8gずつ打つ。

クレームアマンド
【材料（30g/個 20個分）】
アーモンドミルク……140g
グラニュー糖……30g
杏仁霜……14g
アガー……9.6g
みかん・ピューレ……140g
生クリーム（脂肪分35％のフェッテ）……240g
アマレット……52g
【作り方】
1 鍋にアーモンドミルクとみかん・ピューレを入れて温める。
2 グラニュー糖、杏仁霜、アガーを加えて、杏仁霜に火が入るまでしっかり火を通す。アマレットを入れる。
3 8分立てのフェッテを加えて軽く合わせる。
〈タルトのモンタージュ〉
1 パートシュクレにクレームアマンドを詰める。
2 ジェノワーズをのせてタルトの高さで擦り切る。

ジュレハイビスカス
【材料（50g/個 20個分）】
ハイビスカスの茶葉……18g
温州みかん・ゼスト……3玉
湯……750g
抽出液……640g
みかん・ピューレ……240g
グラニュー糖……140g
ハチミツ……60g
イナアガー……29.6g
トレハロース……48g

【飾り】
ココナッツファイン（ロースト）……200g
温州みかん・ゼスト……1個分
【作り方】
〈ハイビスカスティーのジュレを作る〉
1 ハイビスカスティーの茶葉と温州みかん・ゼストを沸かしたお湯につけて5分間蒸らす。
2 鍋に1を濾した抽出液とみかん・ピューレを入れて温め、グラニュー糖、ハチミツ、擦り合わせたトレハロースとイナアガーを加えて溶かし、ジュレを作る。
3 φ6.5cmのタルトリングに2のジュレを少し流し、漬け込んだみかんを適宜に切って並べていく。上からもう一度ジュレをタルトリングの擦り切りまで流し、一晩休ませる
〈飾りを作る〉
1 フライパンにココナツファインと温州みかん・ゼストを入れてこうばしい香りがするまで軽く焼く。

モンタージュ
——
1 クレームアマンドを詰めたタルトの淵に、ココナツファインをまぶす。
2 一晩おいたジュレをタルトリングから外し、パートシュクレを重ねる。

Pairing 6

宇和島3Sみかんと
佐渡島産おけさ柿のスロージュース

ハイビスカスMIX
——
【材料（仕上がり10人分）】
ハイビスカス……8g
茉莉花……4g
カモミール……4g
水……400g
【作り方】
1 鍋にハイビスカスMIXの材料を全て入れ、半量になるまで煮詰める。

仕上げ
——
【材料（1人分）】
宇和島みかん3S（スロージュース）……70g
佐渡おけさ柿（スロージュース）……20g
ハイビスカスMIX……20g
あまおう・ピューレ……5g
アガベシロップ……5g
【作り方】
1 全ての材料を混ぜ合わせる。

062　Chapter 1 ペアリングの発想と基本

Chapter 2
ペアリングで作るデザートコース

ペアリングの魅力は、単にスイーツとドリンクの味と香りのバランスを考えて
組み合わせるだけではありません。デザートのコースを作ることで、本当のペアリングを表現できます。
それは、ウエルカムドリンクに始まり、第1ペアリングからサレなど次のステージに繋がるもう1品、
そして第2ペアリング、時には締めのドリンクやショコラなど、
スイーツコースを通してマリアージュを楽しむことにあります。
始まりのウエルカムドリンクの口内に残る味と香りの余韻を楽しみながら、
次に提供するスイーツとのハーモニーを味わい、次第に奥深いペアリングを感じる事ができるでしょう。
ここでは実際に実施したアッシュ・ペアリングの中から、9つのペアリングコースを紹介。
ペアリング当日の雰囲気を存分に味わってください。

Menu.1
Spring

【テーマ食材】
ルバーブ

Ⅰ 【*Welcome Drink*】
　カカオパルプ＆
　ルバーブトニックウォーター (P.65)

Ⅱ 【*Pairing 1*】
　タンザニアルージュ・
　ゲヴェルツトラミネールとライチの泡 (P.66)
　×
　ハーバルレッドティー (P.68)

Ⅲ *Salé*
　クスクスのサラダ *¹

Ⅳ Chocolat Tasting
　**FARM to BAR
　「TANZANIE 70%」** *²

Ⅴ 【*Pairing 2*】
　ルバーブのパイ包 ミルクアイス添え (P.70)
　×
　そば茶と珈琲のミルクブリュー (P.72)

Ⅵ Bonbon au Chocolat
　フレーズピスタチオ *³

カカオパルプ＆ルバーブトニックウォーター

タンザニアルージュ・ゲヴェルツトラミネールとライチの泡

ハーバルレッドティー

ルバーブのパイ包ミルクアイス添え

そば茶と珈琲のミルクブリュー

---

*¹　パプリカや枝豆などの色とりどりの野菜とひよこ豆、世界最小のパスタと呼ばれる「クスクス」をヴィネグレットドレッシングと合わせサラダ仕立てにしました。

*²　タンザニアモロゴロ州で作られる高品質のカカオ豆を使用。レッドフルーツを思わせる香りの中にハーブやスパイスの香りも感じられ、爽やかな酸味と程よい苦味がフレッシュ感さえ感じるショコラ。

*³　香ばしいピスタチオを使ったカカオブランのガナッシュと華やかな酸味のフランボワーズガナッシュ二層仕立てのボンボンショコラ。お互いの魅力を引き立てる王道の組み合わせ。

ペアリングの発想

Sweets

甘酸っぱいルバーブとレッドフルーツを思わせるFARM to BARショコラ「タンザニア」がテーマ。一皿目はタンザニアのショコラに甘酸っぱいイチゴを合わせ、アクセントに山椒やライチを加え、濃厚な中にも軽やかさを感じるデセールに。二皿目はしっかりと焼き込んだパイ生地でイチゴとルバーブのコンフィチュールを忍ばせた春らしい味わいのパイ。華やかな酸味に、ほんのり香るラムが味わいに奥行きを加えます。（辻口）

Drink

ルバーブを楽しむスイーツコースのウェルカムドリンクにはルバーブとカカオパルプにトニックウォーターを合わせた爽やかなドリンクを。パイの香ばしさを引き立てるそば茶のミルクコーヒーを合わせ、ルバーブの甘酸っぱさをより引き立てます。ベリー、ハーブ、スパイスの香りのニュアンスのあるタンザニアのチョコレートスイーツには華やかなフローラルの香りを合わせ、飲む度に香りの変化を楽しめるドリンクに仕上げました。（香飲家）

Welcome Drink

カカオパルプ&
ルバーブトニックウォーター

柑橘とハーブを贅沢に使用したトニックウォーターに、
甘酸っぱいルバーブとカカオパルプを合わせた爽やかな飲みごこちのウエルカムドリンクです。
ルバーブのきれいなピンク色のカラーを楽しめるガラスのボトルで提供。

(制作／香飲家・片倉　How to make_P.160)

Pairing 1
〈タンザニアルージュ・ゲヴェルツトラミネールとライチの泡〉
×
〈ハーバルレッドティー〉

タンザニアルージュ・ゲヴェルツトラミネールとライチの泡

レッドフルーツのような爽やかな酸味と程よい苦味が特徴の
タンザニア産のショコラで作る濃厚なムースに
いちごのマリネ、山椒のオパリーヌを重ねました。
ライチが香る白ワイン（ゲヴェルツトラミネール）の泡を添えて。

(How to make_P.160)

Pairing 1

〈タンザニアルージュ・ゲヴェルツトラミネールとライチの泡〉
×
〈ハーバルレッドティー〉

ハーバルレッドティー

ジンに使用する数種のハーブと
スパイスや柑橘ピールなどを煮出したハーバルシロップに、
ハイビスカスとローズヒップにイチゴの風味をつけたレッドティーを合わせました。
フレッシュのイチゴと合わせる事でストロベリーマティーニの様な味わいに。
タンザニアのチョコレートのニュアンスである赤系フルーツや
ハーブスパイスに寄り添いながらも、
飲むたびに変化する香りの広がりも楽しめます。

（制作／香飲家・田中　How to make_P.161）

Pairing 2
〈ルバーブのパイ包 ミルクアイス添え〉
×
〈そば茶と珈琲のミルクブリュー〉

ルバーブのパイ包 ミルクアイス添え

ルバーブと相性の良いイチゴを合わせたコンフィチュール、
ラムが香るルバーブやクレーム・パティシエールを
上質なフィユタージュ・アンヴェルセの生地で包み焼き上げました。
ミルクアイスの乳味がルバーブの華やかな酸味を引き立てます。
(How to make_P.162)

Pairing 2
〈ルバーブのパイ包 ミルクアイス添え〉
×
〈そば茶と珈琲のミルクブリュー〉

そば茶と珈琲の
ミルクブリュー

香ばしさのあるパイに合わせて考えた
ミルクコーヒーベースの香飲です。
パイに使われているルバーブはそば科の植物なので
相性の良い食材として同属のそば茶を使用しました。
そば茶の持つ特有の香ばしい香りが
珈琲の香ばしさ、パイの香ばしさと一体になるイメージです。
ルバーブの甘酸っぱさがより印象的に残ります。
皿の中に一緒に添えたお皿のアイスクリームを加えて
フロートにして飲むのもおすすめ。

（制作／香飲家・藤岡　How to make_P.163）

Menu.2

Spring

【テーマ食材】
フランボワーズ

I 【*Welcome Drink*】
ジェニパーベリーソーダ (P.75)

II 【*Pairing 1*】
木苺とバニラ (P.76)
×
ベリーコーヒー (P.78)

III Salé
加賀蓮根のすり流し *1

IV 【*Pairing 2*】
フォレノワールとタンザニアアイス (P.80)
×
チェリーブロッサムヴィンコット (P.82)

V Mignardises
サブレ キャラメル ルージュ

VI Bonbon au Chocolat
ボンボンショコラ タンザニア *2

ジェニパーベリーソーダ

木苺とバニラ
ベリーコーヒー

フォレノワールとタンザニアアイス
チェリーブロッサムヴィンコット

フランボワーズ

*1 蓮根をすりおろし、あごだしと塩のみでシンプル仕上げました。素材の良さを最大限引き出した和の伝統的なスープです。

*2 赤道直下の南緯8度に位置するタンザニアモロゴロ州の小規模農家で作られる高品質のカカオ豆を使用しています。ラズベリー、カシス、ブラックベリー等のレッドフルーツのような香りの中に、クローブ、シナモン、コリアンダー、レモングラス等のハーブスパイスの香りも感じられます。爽やかな酸味と程よい苦味のバランスがフレッシュ感さえ感じるショコラです。

ペアリングの発想

Sweets

フランボワーズとFARM to BARショコラ タンザニアがテーマ。一皿目はしっかり焼いたパイ生地、ナッツとショコラを使ったプラリネクリームと合わせ甘酸っぱいフランボワーズの味わいを際立たせたミルフィーユ。二皿目は赤い実を思わせる酸味のショコラで作るフランスの伝統菓子「フォレノワール」。桜を合わせる事で和の要素を加えた一皿。ベリー系の華やかな酸味が特徴の2つの素材を使った春らしいデセール。（辻口）

Drink

ジェニパーベリーの香りをつけ、仕上げに湘南ゴールドを絞った清涼感のあるソーダに2種のベリーが調和するウェルカムから始まり、ベリー系のコーヒーにワインにもベリーを合わせる事でスイーツとの重層的な香りを楽しめます。チョコレートのスイーツには桜のフォンダンウォーターと爽やかな酸味のサワーチェリーを、ワインのシロップを合わせれば、スイーツと一緒に滑らかに溶け合い、春の香りがフワッと広がります。（香飲家）

Welcome Drink

ジェニパーベリーソーダ

ジュニパーベリーのウッディな香りをつけたソーダに
フランボワーズとストロベリーのソースを合わせ、それぞれのベリーが重なる香りのドリンクに。
仕上げに旬の柑橘・湘南ゴールドを絞れば、甘酸っぱい香りがフワッと広がります。

(制作／香飲家・田中　How to make_P.164)

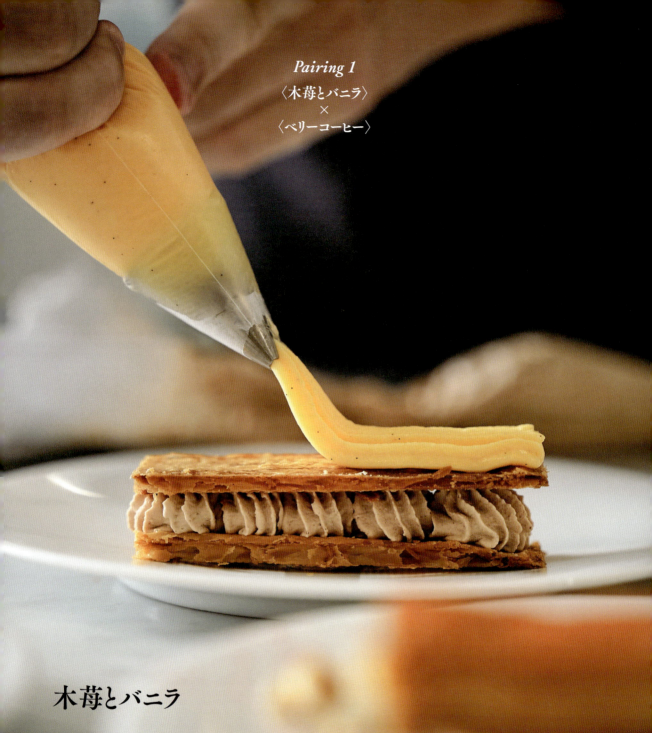

Pairing 1
〈木苺とバニラ〉
×
〈ベリーコーヒー〉

木苺とバニラ

少しずつ暖かくなってきた春にぴったりの、
甘酸っぱいフランボワーズをアクセントにしたミルフィーユ。
ナッツとショコラを使ったプラリネクリームと
濃厚なパティシエール、2種のクリームで重ね、
パイ生地の食感を楽しめるよう仕上げました。
飾りにはバニラのさやの形をしたフランボワーズムースと
すっきりとしたバニラアイスを添えました。

(How to make_P.164)

078　Chapter 2 | ペアリングで作るデザートコース

Pairing 1
〈木苺とバニラ〉
×
〈ベリーコーヒー〉

ベリーコーヒー

スパイシーでベリーの香りがするグァテマラと
フローラルな香りのエチオピア・イルガチェフのコーヒー。
魅惑的な香りをバラで抽出したミックスベリーでプラス。
さらに芳醇なワインから作るシロップを加えて
華やかなフランボワーズのスイーツの香りを
重層的に広げるコーヒーに仕上げました。

（制作／香飲家・片倉　How to make_P.166）

Pairing 2
〈フォレノワールとタンザニアアイス〉
×
〈チェリーブロッサムヴィンコット〉

フォレノワールと
タンザニアアイス

グリオットチェリーとジェノワーズショコラ、
シャンティからなるフランスの伝統菓子「フォレノワール」に
日本の春の象徴である桜を合わせる事で、
和と洋が融合し、新たな味わいを生み出した一皿に。
ラズベリーやカシスなどのレッドフルーツの
酸味やスパイスを感じるタンザニア産ショコラのアイスが、
桜の香り、グリオットの甘みや酸味を引き立てた春らしいデセール。
(How to make_P.167)

Pairing 2

〈フォレノワールとタンザニアアイス〉
×
〈チェリーブロッサムヴィンコット〉

チェリーブロッサムヴィンコット

スイーツの桜と桜の葉の香りのシャンティに合わせて、
桜の葉の余韻を楽しめるフォンダンウォーターをベースに、
赤ワインから作ったヴィンコットと
サワーチェリーの爽やかな酸味がスイーツと合わさり、
滑らかに溶け合います。

(制作／香飲家・田中　How to make_P.169)

Menu.3
Summer

【テーマ食材】
桃

Ⅰ 【*Welcome Drink*】
シトラスライチ・グリーンティー (P.85)

Ⅱ 【*Pairing 1*】
クレープ・ア・ラ・ペッシュ (P.86)
×
夏みかんアールグレイティー (P.88)

Ⅲ Salé
フルーツトマトと桃のスープ仕立て *1

Ⅳ Mignardises
ギモーブ・オ・フリュイ *2

Ⅴ Bonbon au Chocolat
ボンボンショコラトバゴ *3

Ⅵ 【*Pairing 2*】
サバラン・エキゾチック (P.90)
×
アプリコットスモーキーティーソーダ (P.92)

シトラスライチ・グリーンティー

クレープ・ア・ラ・ペッシュ

夏みかんアールグレイティー

サバラン・エキゾチック

アプリコットスモーキーティーソーダ

*1 フレッシュな桃をピューレにし、生クリームと牛乳を合わせ、甘さの中に塩味を感じるスープを作りました。桃のリキュールで真空調理したフルーツトマトを浮かべて。

*2 白桃の上品な甘さととろけるような果肉のみずみずしさをパート・ド・フリュイで表現。華やかな香りのライチのギモーブと合わせ、ショコラオレでコーティングしました。

*3 トリニタリオ種の名前の由来となったこの島国のカカオ豆は高品質で知られています。スモーキーな香りが特徴でピートのような香りもすることからスコッチウイスキーやギネスビールを連想させます。黒糖やきな粉、ほうじ茶のような香ばしい甘さと、強めの渋味もあり、フルボディの赤ワインの要素と柑橘系の爽やかさも共存しているような奥深いショコラです。

ペアリングの発想

Sweets
桃とFARM to BARショコラ トリニダード・トバゴがメインテーマ。一皿目は甘くてみずみずしい桃とミントが香る軽やかなクレープ、二皿目はスモーキーで重厚感のあるショコラにスパイスやトロピカルフルーツを合わせたグラスデザート。相反する味わいの素材を使いながらも、どちらも夏らしさを感じるデセールに。コースにした時に全体が一つの物語になるような構成に仕上げました。(辻口)

Drink
白桃の甘い香りと相性の良い日向夏と柔らかい香りのライチを合わせた緑茶で爽やかなウェルカム。白桃のスイーツにはキリッとした甘さと酸味の夏みかんとアールグレイティーで清涼感のある爽やかさをプラス。ショコラのスモーキーなニュアンスには、ほうじ茶やウイスキー、柑橘系の香りの京番茶をベースに濃厚なアプリコットの果肉を合わせたオレンジソーダで割ってハイボールテイストに仕上げました。(香飲家)

Welcome Drink

シトラスライチ・グリーンティー

ほんのりシトラスが香る台湾緑茶をベースに、
上品な甘さのライチと日向夏の香りが広がる爽やかな
夏のウェルカムドリンクです。

(制作／香飲家・片倉　How to make_P.169)

Pairing 1
〈クレープ・ア・ラ・ペッシュ〉
×
〈夏みかんアールグレイティー〉

クレープ・ア・ラ・ペッシュ

ミントを練り込んだクレープ生地で、桃ミントソース、
甘くなめらかな桃シャンティ、桃コンポートを包みました。
サクサクのオパリーヌとひんやりした桃アイスクリームを添えて。
甘みの強い桃に爽やかなミントを合わせた夏らしいクレープ。
食感や味わい、温度帯のコントラストを
楽しめる一品に仕上げました。

(How to make_P.170)

088　Chapter 2 | ペアリングで作るデザートコース

Pairing 1
〈クレープ・ア・ラ・ペッシュ〉
×
〈夏みかんアールグレイティー〉

夏みかん
アールグレイティー

スイーツで使用している桃と相性の良い夏みかんと
水出しでスッキリと抽出したアールグレイティーの
ベルガモットの香りがスイーツに奥行きをプラスします。

（制作／香飲家・片倉　How to make_P.171）

Pairing 2
〈サバラン・エキゾチック〉
×
〈アプリコットスモーキーティーソーダ〉

サバラン・エキゾチック

クレームシャンティとシロップに漬け込んだ甘みのあるババ、
スパイスを効かせたエキゾチックフルーツが
FARM to BAR ショコラ トリニダード・トバゴの
スモーキーな味わいを際立たせたグラスデザート。
パッションフルーツのトロピカルさが全体を調和し、
メレンゲが軽やかな食感を添えます。

(How to make_P.172)

Pairing 2

〈サバラン・エキゾチック〉
×
〈アプリコットスモーキーティーソーダ〉

アプリコットスモーキー
ティーソーダ

スイーツに使用しているトバコカカオのもつ
スモーキーなフレーバーや、ほうじ茶、ウイスキー、
柑橘の様なニュアンスから、京番茶をベースに
サバランに使用しているオレンジリキュールや
トロピカルフルーツにも合う、アプリコットとオレンジのピューレの
濃厚なペーストをソーダで割って
ハイボールの様なテイストに仕上げました。

（制作／香飲家・田中　How to make_P.173）

Menu.4
Summer

【テーマ食材】
日向夏

I 【Welcome Drink】
シトラスクラッシュスパークリング (P.95)

II 【Pairing 1】
日向夏のタルト (P.96)
×
鴛鴦スパイスティー (P.97)

III Salé
とうもろこしのスープ *1

IV 【Pairing 2】
チュンチョムース (P.98)
×
ピーチローズウーロン (P.100)

V Special sweets
トロピカルパフェ *2

VI Special drink
スペシャルドリンク

VII Last coffee
ビターカフェラテ

シトラスクラッシュスパークリング

日向夏のタルト

鴛鴦スパイスティー

チュンチョムース

ピーチローズウーロン

*1 粒皮が柔らかく、甘味がとても強いのが特徴の埼玉県産「味来」を使用したコーンスープ。とうもろこし本来の美味しさが味わえる。

*2 小さなクロカンブッシュが飾られた華やかなパフェ。マンゴープリンやフレッシュな宮崎県産マンゴーを主役にハーブティージュレやカカオパルプソルベ、ココナッツメレンゲなどで爽やかさをプラスし、夏らしい味わいに仕上げました。

トロピカルパフェ

ペアリングの発想

Sweets

日向夏とカカオチュンチョのショコラをメインテーマに2品のスイーツを。一皿目は日向夏を各層に使い、柑橘の持つ酸味を全面に引き出した爽やかなタルト、そして二皿目にはマンゴーやパッションフルーツを思わせる香りが特徴のトロピカルなカカオチュンチョとバナナを合わせたムース。コース全体を通して夏の季節感を味わえるように仕上げました。（辻口）

Drink

日向夏がテーマのペアリングコース。シャンパンがイメージの日向夏とタイレモンの爽快感のあるウエルカムから始まり、タルトには日向夏のフォンダンウォーターにコーヒーと茶葉にスパイスをプラスして、スイーツを食べるパーツにより香りが複雑に変化します。ショコラガトーのチュンチョカカオの特徴であるトロピカルフルーツや乳酸の香りと相性の良い桃を合わせてローズの華やかな香りが広がる1杯に仕上げました。（香飲家）

Welcome Drink

シトラスクラッシュスパークリング

シャンパンをイメージして仕上げた香飲です。
香りが良スッキリとした苦味のタイレモン(マナオ、メキシカンライム)をベースに、
ジンジャーのニュアンスがあるレモングラスと爽やかな甘酸っぱさの日向夏を加えて、
スパークリングワインの様な味わいに仕上げました。
香り豊かで爽やかな飲み口のウェルカムドリンクです。

(制作／香飲家・片倉　How to make_P.174)

Pairing 1
〈日向夏のタルト〉
×
〈鴛鴦スパイスティー〉

日向夏のタルト

各パーツに異なる形で日向夏を使い、
一口食べた瞬間から最後の余韻まで日向夏の爽やかな香りと
ジューシーな味わいが口いっぱいに広がります。
日向夏の様々な魅力が次々と顔を出すタルトです。

（How to make_P.174）

096　Chapter 2｜ペアリングで作るデザートコース

鴛鴦スパイスティー
<small>えん おう</small>

鴛鴦とは、つがいで泳ぐオシドリを紅茶とコーヒーに例えた
香港のドリンクをアレンジ。柑橘のスイーツに合わせて、
ベルガモットの香りのアールグレイにグァテマラとエチオピアモカの
コーヒー、7種のスパイスを煮出したスパイスティーシロップに、
日向夏フォンダンウォーターと日向夏の果汁で仕上げました。

（制作／香飲家・田中　How to make_P.176）

Pairing 2

〈チュンチョムース〉
×
〈ピーチローズウーロン〉

チュンチョムース

ペルーにある自社農園のカカオ「チュンチョ」を使ったショコラムース。
希少品種のカカオで、
マンゴーやパッションフルーツを思わせるような香りが特徴。
ムースの中にはトロっとしたバナナとショコラのソースが入っています。
濃厚な中にもトロピカルさを感じる
夏に食べたいショコラスイーツ。

（How to make_P.177）

Pairing 2
〈チュンチョムース〉
×
〈ピーチローズウーロン〉

ピーチローズウーロン

香りのベースとしてローズ烏龍茶を使用。
カルダモン、シナモン、オレンジピールを高温で抽出し急激に冷やして香りを閉じ込めています。
ガトーの中に入っているバナナとチュンチョカカオの特徴であるトロピカルフルーツや
乳酸の香りと相性の良い桃をピューレをサラシで漉して濃度調整してからオレンジと合わせました。
グラスの半面にはメキシコのタヒンスパイスをつけ、酸味、塩味、スパイシーな香りをプラス。
最初はタヒンがついていない部分でガトーを味わい、
途中でついている部分で味わう事でスパイスのアクセントで後味がスッキリとします。

(香飲家／片倉　How to make_P.178)

Chapter 2 ペアリングで作るデザートコース

Menu.5

Summer

【テーマ食材】
アプリコット
（杏）

I 【*Welcome Drink*】
 八宝茶 (P.105)

II 【*Pairing 1*】
 ムラングシャンティ アプリコット (P.106)
 ×
 楊枝甘露 (P.108)

III Salé
 夏野菜の塩ラタトゥイユ *1

IV Mignardises
 ティグレ・アブリコ・オランジュ *2

V Bonbon au Chocolat
 ボンボンショコラ ナティーボ *3

VI 【*Pairing 2*】
 シュープリーズ・ナティーボ (P.110)
 ×
 フローラルカフェ (P.112)

八宝茶

ムラングシャンティアプリコット

楊枝甘露

シュープリーズ・ナティーボ

フローラルカフェ

*1　ラタトゥイユは一般的にトマトを使用するのが主流の中、今回は塩やコンソメでなすやパプリカ、ズッキーニなどの夏野菜を煮込みました。野菜の旨味を引き出した塩ラタトゥイユ。

*2　ティグレはフランス語で虎のこと。生地の中に入れるチョコチップが虎の縞模様に見えることから名付けられたフランス生まれの焼き菓子。アーモンドやバターの香るフィナンシェ生地にチョコチップを入れて焼き上げ、アプリコットとオレンジのパート・ド・フリュイを合わせました。

*3　ペルー中部で栽培される、希少で高品質なアマゾンナティーボ・クリオロから作られています。柑橘系の香りと共にココナッツやアーモンドのようなナッティさも感じられます。シナモン、生姜、わさびのニュアンスが、まるでスパイシーなショコラドリンクのような印象も与えてくれます。

ペアリングの発想

Sweets

テーマはアプリコットとFARM to BAR ショコラ カカオ ナティーボ。アクセントに生姜を使い2種類のスイーツを作りました。コースのスタートは夏の暑い時期に食べるスイーツとして考えた時に軽い食感のものという着想のもと、ムラングシャンティを作りました。生姜を合わせることでスパイシーさや清涼感を加えました。続く二皿目は柑橘を思わせるショコラを使い、エキゾチックフルーツと生姜を合わせました。（辻口）

Drink

ウェルカムドリンクの薬膳八宝茶のドライアプリコットから次のアプリコットスイーツに繋げ、華やかな香りのトロピカルフルーツを合わせたスムージーにグレープフルーツのチアシードが苦味と食感のアクセントに。最後はクリーミーで程よい酸味のナティーボのスイーツにエスプレッソのビター感とジャスミンとカモミールで華やかさを演出。窒素ガスで香りの広がりと、まろやかな口当たりに。（香飲家）

Welcome Drink

八宝茶

八宝茶は中国では冠婚葬祭やおもてなしに飲むお茶で、
身体に良い具材をたくさん組み合わせ、煎じて飲む伝統的な薬膳茶。
ペアリングの考えをもとに組み合わせたオリジナル八宝茶は、
菊茶、クコの実、柚子ピール、シナモン、ココナッツをお茶に。
アプリコット、生姜汁、甘酒をシロップにして合わせた八種類はウェルカムからフルーツのスイーツへ。
ナティーボのカカオへとニュアンスを繋げます。

（制作／香飲家・田中　How to make_P.179）

Pairing 1
〈ムラングシャンティ アプリコット〉
×
〈楊枝甘露〉

ムラングシャンティ アプリコット

夏でもスッキリと食べれるようにメレンゲに生姜を合わせ、
アプリコットソルベにレモン果汁を入れて爽やかに。
中にしのばせたアプリコットジュレを濃厚に仕上げることで、
アプリコットのもつ本来の味わいをプラスしました。

(How to make_P.179)

Pairing 1

〈ムラングシャンティ アプリコット〉
×
〈楊枝甘露〉

楊枝甘露
（ヤン ジー ガン ルー）

スイーツに使用しているアプリコットやジンジャーとも
相性の良い材料からインスピレーションを得たスムージーです。
香港生まれのマンゴースイーツ楊枝甘露。
マンゴー、グレープフルーツ、ココナッツミルク、
タピオカなどを使ったスイーツをスムージーにアレンジしました。
タピオカの代わりにチアシードをグレープフルーツの果汁で
戻す事で程よい苦味と食感がアクセントに。
メレンゲとの口溶けが楽しめるフローズンドリンク。

（制作／香飲家・田中　How to make_P.181）

Pairing 2
〈シュープリーズ・ナティーボ〉
×
〈フローラルカフェ〉

シュープリーズ・ナティーボ

柑橘系の香りにスパイシーさも感じる、
ペルー産のアマゾンナティーボ・クリオロから作られるショコラに
生姜の香りを纏わせたムース・オ・ショコラ。
エキゾチックフルーツのジュレ、クランブル、カカオハスクから
抽出したエキスで作ったソルベを合わせ、
濃厚ながらもトロピカルで軽やかな一皿に仕上げました。

(How to make_P.181)

Pairing 2

〈シュープリーズ・ナティーボ〉
×
〈フローラルカフェ〉

フローラルカフェ

カモミール、茉莉花の2種類の花の香りと
2種類のコーヒー豆はスパイシーでベリーな香りのグァテマラに
フローラルな香りのエチオピアモカのブレンドを合わせました。
複雑に香りが絡み合い、スイーツの食べる箇所により
ラストの香りの感じ方の変化を楽しんで頂けます。

（制作／香飲家・片倉　How to make_P.183）

Menu.6

Summer

【テーマ食材】
ニューサマーオレンジ

I 【Welcome Drink】
　もモヒート (P.115)

II Salé
　白身魚と柑橘のティエド *1

III 【Pairing 1】
　ヌーベル・オランジュ・デテ (P.116)
　×
　楊貴妃の果実茶 (P.118)

IV Salé 2
　豚肉のリエット *2

V 【Pairing 2】
　カカオ・ブラン (P.120)
　×
　チリカフェ (P.122)

VI Salé 3
　コンソメとじゃがいものヴェリーヌ *3

VII 【Pairing 3】
　スティル・ジャポネ (P.124)
　×
　パッションフローラルティー (P.126)

もモヒート

ヌーベル・オランジュ・デテ

楊貴妃の果実茶

カカオ・ブラン

チリカフェ

スティル・ジャポネ

パッションフローラルティー

*1　白身魚と帆立をオレンジやニューサマーオレンジなどを使ったソース・アグリュムでマリネし、ソテーしました。

*2　モンサンクレールのバケットに豚肉と野菜を煮込んでペーストにしたリエットを添えて。くるみの食感や隠し味にピンクペッパーを加えています。

*3　コンソメジュレとヴィシソワーズを重ねたヴェリーヌ。食感のアクセントにじゃがいものソテーや酸味のあるすだちのジュレを加え後味スッキリと仕上げました。

ペアリングの発想

Sweets

みずみずしく、爽やかなニューサマーオレンジがテーマ。柑橘と合わせ、よりフレッシュ感のある味わいのものや濃厚なショコラと合せ酸味とのコントラストを表現したもの、和と洋を融合させたもの、特徴の異なる3種類のスイーツを作りました。通常ケーキでしか表現できないものをアシェットにすることで、一層ごとのパーツを明確に、そして合わせることでより深い味わいと新たな味覚へと昇華させる構成で仕上げました。（辻口）

Drink

旬の日向夏を使ったコースの始まりは、生ミントの清涼感とスパイスの香りの炭酸で割ったウェルカムドリンク。カカオブランコのニュアンスにはライチとグレープフルーツと桂花ウーロンの華やかな香り。カカオブランにはスパイシーなカフェラテ。トロピカルスイーツにはココナッツ烏龍茶と数種の花茶でフローラルは香りを表現。コースを通して、柑橘系の爽やかさと華やかな花の香りの余韻を楽しめる構成に仕上げました。（香飲家）

Welcome Drink

もモヒート

桃の果肉たっぷりなピューレにラムの香りの様なバニラと
シナモンの甘い香りを移したソーダと
仕上げのフレッシュミントの香りが広がるノンアルコールモヒート。
フルーティーでハーバルなウェルカムドリンクです。

(制作／香飲家・田中　How to make_P.183)

Pairing 1
〈ヌーベル・オランジュ・デテ〉
×
〈楊貴妃の果実茶〉

ヌーベル・オランジュ・デテ

メレンゲの器の中にニューサマーオレンジの爽やかなソースやジュレ、
オレンジのコンポートやパンプルムースロゼのコンフィチュールに
カカオ本来の酸味のあるカカオ・ブランコのガナッシュを合わせました。
杏仁を思わせるグラスアマンドがアクセント。

(How to make_P.184)

楊貴妃の果実茶

楊貴妃が愛したと伝えられる果物ライチを使った
カクテルからイメージしたティーベースドリンク。
2種類の烏龍茶に花茶を加え、
ライチとグレープフルーツで香り豊かな果実茶に仕上げました。
オランジュのスイーツにシトラスで合わせたグレープフルーツは
メレンゲやカカオブランコのもつニュアンスとも調和します。
桂花のフローラルな香りが重なり、余韻を残します。

（制作／香飲家・田中　How to make_P.186）

Pairing 1
〈ヌーベル・オランジュ・デテ〉
×
〈楊貴妃の果実茶〉

120 Chapter 2 | ペアリングで作るデザートコース

Pairing 2
〈カカオ・ブラン〉
×
〈チリカフェ〉

カカオ・ブラン

元々構成された1つのケーキを各パーツごとに並べ、
各層の味わいや食感を口内で再構築していく「カカオ・ブラン」。
ペルー産のカカオ・ブランコ70%とニューサマーオレンジを使い、
甘く濃厚な味わいの中に爽やかさが広がるガトーに仕上げました。

(How to make_P.186)

Pairing 2

〈カカオ・ブラン〉
×
〈チリカフェ〉

チリカフェ

スイーツにドリンクでスパイシーな要素をプラスする事で
複雑さと奥行きを出しました。
スパイシーさもありながらベリーの様なグァテマラと
フローラルな香りのエチオピアモカのブレンドコーヒー豆に
シナモン、カルダモン、レッドペッパーを加えて
カフェラテに仕上げました。

(制作／香飲家・片倉　How to make_P.188)

Pairing 3
〈スティル・ジャポネ〉
×
〈パッションフローラルティー〉

スティル・ジャポネ

和と洋が融合した夏の冷たいデセール。
砂糖不使用の十勝産発酵小豆とわらびもち、黒蜜ジュレなど優しい甘さの和素材と
カカオブランコのクリーム、マスカルポーネ、ニューサマーオレンジが香るグラス、
トロピカルなマンゴーのジュレを合わせました。

(How to make_P.188)

パッションフローラルティー

柑橘の爽やかなスイーツに合わせて、
マンゴーと相性のよいパッションフルーツを合わせれば
華やかさがより口の中に広がります。
ココナッツ烏龍茶をベースに数種類の花茶で
フローラルの爽やかな香りを出しました。
月桃とジェニパーベリーをアクセントに入れる事で
香りを際立たせています。

(制作/香飲家・片倉　How to make_P.190)

Pairing 3
〈スティル・ジャポネ〉
×
〈パッションフローラルティー〉

Menu.7

Autumn

【テーマ食材】
黒イチジク
(黒蜜姫)

I 【*Welcome Drink*】
　加賀梨葡萄烏龍茶 (P.129)

II 【*Pairing 1*】
　スフレパンケーキ
　黒蜜姫とルビーロマンのコンフィ (P.130)
　×
　秋のフルーツと胡桃ミルク (P.132)

III Salé
　黒蜜姫と黒米のラヴィオリ *1

IV 【*Pairing 2*】
　パルフェ・フィグ・ノアール (P.134)
　×
　レッドローズティー (P.136)

加賀梨葡萄烏龍茶

スフレパンケーキ 黒蜜姫とルビーロマンのコンフィ

秋のフルーツと胡桃ミルク

パルフェ・フィグ・ノアール

レッドローズティー

＊1　石川県の黒米と竹炭を練り込んだ自家製生地で、生ハム、イチジクコンフィ入りリコッタチーズ、マスカルポーネクリームを包んだラヴィオリ。黒蜜姫と黒トリュフのソースとともに。

黒蜜姫と黒米のラヴィオリ

黒イチジク(黒蜜姫)

ペアリングの発想

Sweets

糖度が高く、ねっとりとした食感の石川県宝達志水産の黒イチジク(黒蜜姫)をテーマに能登ミルクやルビーロマン、能登ワインなど石川県の豊かな素材と掛け合わせました。キャラメリゼしたり、スパイスの効いたチャイと合わせることで黒イチジク(黒蜜姫)の魅力を最大限に引き出しました。あえて手軽に作れるパフェやパンケーキをベースに、パティシエの技と製法を駆使して、その瞬間だけの味わいを生み出しました。(辻口)

Drink

石川県の食材をふんだんに使用した地産地消のペアリングコース。加賀梨ソースに葡萄烏龍茶を合わせたウェルカムに始まり、パンケーキの香ばしさを引き立てるドリンクはトーストした食パン香り付けをしたミルクにナッツの香りをプラス。無花果を贅沢に使用したパフェには薔薇やエストラゴンを使用した華やかなドリンクに。カベルネソーヴィニョンをコース全体に使用し、香りの調和を演出。(香飲家)

Welcome Drink

加賀梨葡萄烏龍茶

みずみずしく香り豊かな加賀梨と、
深い色合いに渋さと酸味のバランスが良いカベルネ・ソーヴィニョンを
葡萄フレーバーの烏龍茶でスッキリ仕上げたウェルカムドリンクです。

(制作／香飲家・片倉　How to make_P.191)

Pairing 1

〈スフレパンケーキ 黒蜜姫とルビーロマンのコンフィ〉
×
〈秋のフルーツと胡桃ミルク〉

スフレパンケーキ
黒蜜姫とルビーロマンのコンフィ

ふわふわのスフレパンケーキに幻の黒いダイヤと言われる
キャラメリゼした黒イチジク（黒蜜姫）を重ねました。
トッピングには、希少なぶどうルビーロマンのソースやバジル、
エストラゴンなどのハーブと能登ミルクを使用したジェラート、
そして七尾市産の沢野ごぼうのフリットなど、石川県の素材をたっぷりと使用しています。
焦がしたエシレバターと蜂蜜を合わせた温かいソースを添えました。

（How to make_P.191）

秋のフルーツと胡桃ミルク

胡桃ミルクにトーストを浸して香ばしさを移す事で、
パンケーキと同じ香りの相乗効果により香りが広がります。
カベルネ・ソーヴィニヨンでフルーティーな香りをプラス。
セミドライの柿は甘味とトロミで更に香りの持続性が続きます。

(制作／香飲家・片倉　How to make_P.193)

Pairing 1
〈スフレパンケーキ 黒蜜姫とルビーロマンのコンフィ〉
×
〈秋のフルーツと胡桃ミルク〉

Pairing 2
〈パルフェ・フィグ・ノアール〉
×
〈レッドローズティー〉

パルフェ・フィグ・ノアール

黒イチジク（黒蜜姫）を主役に
巨峰を合わせたソルベや洋梨や柿を加えた
フルーツカクテルを華やかな酸味を持つ
カカオのクリーム、能登ワインと葡萄のジュレ、
数種類のスパイスをきかせたチャイの
ブランマンジェを合わせました。
様々な素材を異なるテクスチャーで何層にも重ね、
食べ進めるごとに味わいの変化を楽しめる
パフェに仕上げました。

（How to make_P.194）

レッドローズティー

黒イチジク（黒蜜姫）とも相性の良い
赤ワインの品種カヴェルネ・ソーヴィニヨンをベースに、
カカオマンジャリクリームのベリーの様なニュアンスに合わせて
フランボワーズを加えました。
バラ科のベリーや洋梨に合わせて、
バラの花びらとローズヒップのお茶で優雅な香りを。
仕上げにのせた石川県産のフレッシュなエストラゴンで
爽やかな香りが広がります。

（制作／香飲家・田中　How to make_P.196）

Menu.8
Autumn

【テーマ食材】
洋梨

I 【Welcome Drink】
大葉柚子ジャスミンティーネード (P.139)

II 【Pairing 1】
帯刀りんご農園の洋梨とクレメダンジュ
巨峰のグラニテを添えて (P.140)
×
洋梨タイレモンハーブティー (P.142)

III Salé
オニオングラタンスープ *1

IV 【Pairing 2】
栗とバナナのフォンダンとラムバニラアイス
〜モンブラン風〜 (P.144)
×
バーボンカスクウーロン茶 (P.146)

V 【Pairing 3】
紅玉りんごとアールグレイのパフェ *2
×
アップルアールグレイティー

大葉柚子ジャスミンティーネード

帯刀農園の洋梨とクレメダンジュ巨峰のグラニテを添えて

洋梨タイレモンハーブティー

栗とバナナのフォンダンとラムバニラアイス〜モンブラン風〜

バーボンカスクウーロン茶

紅玉りんごとアールグレイのパフェ

＊1　フランス料理の伝統的な一品であるオニオングラタンスープ。じっくり時間をかけて炒め、玉ねぎの旨味と甘みを凝縮したスープの中に、キツネ色に焼き上げたチーズがたっぷりのったバケットを浮かべて。

＊2　りんごをソースやジュレ、ソテーやタタンに使用し、1つのパフェで様々なりんごのテクスチャーを楽しめる様に作りました。また、アールグレイの茶葉を使ったジュレとアイスを合わせる事で、紅玉りんごの酸味を引き立てたパフェに仕上げました。

ペアリングの発想

Sweets

コースのスタートは洋梨と巨峰をベースに、ジャスミンの香りとクレメダンジュのまろやかな乳味が調和した爽やかな一皿。続く二皿目は温かい栗のフォンダンにバナナクリームを組み合わせ、ラムバニラアイスと和三盆のメレンゲで温冷のコントラストを演出。秋の果実の味わいを引き出したデセールを作りました。（辻口）

Drink

旬のフルーツにジャスミンと香り豊かな大葉と柚子の酸味を加えたウェルカムドリンク。洋梨と巨峰のスイーツにはドリンクにも洋梨を使い、香りを重ねてレモンとハーブの爽やかさをプラス。ハーバルな香りが楽しめます。バーボンの香りを薫香が心地よいラプサンスーチョンミルクティーに移し、蜂蜜とピーナッツで滑らかな甘味とコクが、栗やナッツ系のスイーツと溶け合う味わい深いペアリングに。（香飲家）

Welcome Drink

大葉柚子ジャスミンティーネード

フレッシュの大葉と柚子の皮、ジャスミンの3つの香りが楽しめるティーネードに仕上げました。
オレンジ蜂蜜のナチュラルな甘味とトロミで
コースの始まりに爽やかな香りの余韻が広がり、1品目のスイーツに繋げます。

(制作／香飲家・田中　How to make_P.196)

140　Chapter 2｜ペアリングで作るデザートコース

Pairing 1
〈帯刀りんご農園の洋梨コミスとクレメダンジュ 巨峰のグラニテを添えて〉
×
〈洋梨タイレモンハーブティー〉

帯刀りんご農園の洋梨コミスとクレメダンジュ
巨峰のグラニテを添えて

秋の旬のフルーツ、洋梨と巨峰をメインに使用したアヴァンデセール。
長野県産の帯刀りんご農園で作られた幻の洋梨とも称されるコミスを使用し、
ジャスミンの華やかな香りとクレメダンジュのまろやかな乳味を合わせました。
さらに巨峰のグラニテを加えることでシャリっと冷たい食感が合わさり
爽やかな一皿に仕上げました。

(How to make_P.197)

Pairing 1

〈帯刀りんご農園の洋梨コミスとクレメダンジュ 巨峰のグラニテを添えて〉
×
〈洋梨タイレモンハーブティー〉

洋梨
タイレモンハーブティー

ホーリーバジル、ライムリーフ、レモングラス。
3つのタイハーブティーにタイレモンの爽やかさと酸味と
ほのかな苦味が加わり、果肉が滑らかな洋梨ピューレと
様々なグリーンハーブの香りが絡み合い、
スイーツのパーツを引き立てます。

（制作／香飲家・田中　How to make_P.198）

Pairing 2
〈栗とバナナのフォンダンと
ラムバニラアイス〜モンブラン風〜〉
×
〈バーボンカスクウーロン茶〉

栗とバナナのフォンダンと
ラムバニラアイス〜モンブラン風〜

温かい栗のフォンダンにバナナクリームを合わせました。
バナナの甘さが栗のほっくり感をより引き立てます。
仕上げにラムバニラアイスを添え、温冷のコントラストを演出。和三盆のメレンゲが食感を、
パッションクリームが全体のバランスを調和させる程よい酸味を加えます。

（How to make_P.198）

Pairing 2
〈栗とバナナのフォンダンと
ラムバニラアイス〜モンブラン風〜〉
×
〈バーボンカスクウーロン茶〉

バーボンカスクウーロン茶

バーボン樽の木屑をバーボンを浸けてから乾燥させ、
栗やバナナと相性が良く、薫香が心地よいラプサンスーチョンと
プーアール茶の茶葉と木屑を合わせてじっくりと抽出すれば、
バーボンの香りだけをドリンクにプラスできます。
スイーツと口の中で複雑に絡む香りを楽しむドリンクです。

(制作／香飲家・片倉　How to make_P.200)

Menu.9

Winter

【テーマ食材】イチゴ

I 【*Welcome Drink*】
ストロベリーアールグレイ
スパークリング (P.149)

II 【*Pairing 1*】
フレーズのスフェール (P.150)
×
ストロベリー烏龍茶
インフューズローズジン (P.152)

III Salé
ズッキーニとカニのロール *1

IV 【*Pairing 2*】
温州みかんのフォンダンショコラ (P.154)
×
アーモンドミルクカフェ with ローズヒップ
カモミールシトラスシロップ (P.156)

V Bonbon au Chocolat
ボンボンショコラ フレーズ バジル *2
ボンボンショコラ カカオブランコ *3

ストロベリーアールグレイスパークリング

ストロベリー烏龍茶インフューズローズジン

フレーズのスフェール

アーモンドミルクカフェ with ローズヒップカモミールシトラスシロップ

温州みかんのフォンダンショコラ

*1 石川県産のカニとみじん切りにしたズッキーニをオリーブオイルと塩コショウでマリネ。仕上げに薄くスライスした黄色と緑、2色のズッキーニで包み込みました。

*2 マダガスカル産のショコラノワールに爽やかな酸味のあまおうピューレを合わせたガナッシュ。香り高く色鮮やかな福井県産のドライスィートバジルを使用したショコラブランのガナッシュの2層仕立て。春の爽やかな香りを感じ取れる味わいに仕上げました。

*3 ペルー北部のピウラ地方で採れる、高品質のホワイトカカオを使用。ラズベリージュースにグレープフルーツのゼストを加えて、さらにバルサミコ酢で酸を強調したような、鮮烈な味わい。渋味や黒糖のような味わい、またディルのような青いハーブなども感じる様々な表情を持つショコラ。

ペアリングの発想

Sweets

旬のあまおうイチゴとホワイトカカオがテーマ。一皿目はバルサミコ酢やローズマリーを合わせ、あまおうの甘みや香りを引き出した軽やかで可憐なデセール。ホワイトカカオにも感じられる酸味を合わせることで次に続く一皿への余韻を残します。二皿目はフレッシュミックスジュースを思わせる鮮烈な酸味が特徴のホワイトカカオと柑橘を合わせた濃厚なフォンダンショコラ。キャラメリゼしたナッツをアクセントに加えました。（辻口）

Drink

旬のイチゴを楽しむコースの始まりに、土佐ベルガモットピールを削ったキーマン茶に炭酸を充填した華やかなドリンク。四季春烏龍茶にイチゴソースとローズ烏龍茶を漬け込んだジンを垂らした香り豊かなホットドリンク。イチゴデザートにドリンクにもイチゴを使い合わせる事で香りがより広がります。チョコレートにはコーヒーの香りを移したアーモンドミルクにシトラスとカモミールシロップで華やかさと爽やかな香りが広がります。（香飲家）

Welcome Drink

ストロベリーアールグレイ
スパークリング

蜜に華やかな香りと柔らかな甘味を持つ蘭の花の様なキーマン茶に、
旬のイチゴと土佐ベルガモットのピールを入れ、スパークリングに仕立てます。
まるで香水を味わうようなウエルカムドリンクに仕上げました。

（制作／香飲家・片倉　How to make_P.201）

フレーズのスフェール

イチゴを思わせる、赤い球体のショコラ。
中には、ローズマリーでマリネしたあまおうイチゴ、
バニラとバルサミコ酢を合わせたイチゴのソースを閉じ込め、
イチゴの魅力を引き出した一皿にしています。最後にショコラブランとディル、
そしてバラの花びらを飾ることで華やかに仕上げました。

（How to make_P.201）

Pairing 1
〈フレーズのスフェール〉
×
〈ストロベリー烏龍茶
インフューズ ローズジン〉

Pairing 1
〈フレーズのスフェール〉
×
〈ストロベリー烏龍茶 インフューズ ローズジン〉

ストロベリー烏龍茶
インフューズ ローズジン

早春を思わせる花のような香りの四季春烏龍茶に、
旬のイチゴを合わせました。スイーツと合わさったときに、
イチゴの香りが口いっぱいに広がります。
さらにアクセントに、香り豊かなジンにローズ烏龍茶を
インフューズ（漬け込む）させて香りを移したものを、
ドリンクに1滴垂らすだけで華やかさが広がります。

（制作／香飲家・片倉　How to make_P.203）

Pairing 2
〈温州みかんのフォンダンショコラ〉
×
〈アーモンドミルクカフェ with
ローズヒップカモミールシトラスシロップ〉

温州みかんのフォンダンショコラ

ペルー産のカカオブランコを使用した濃厚なフォンダンショコラと
温州みかんを丸ごと使用した爽やかな香りのジャムを使ったプチガトー。
アーモンドとヘーゼルナッツのキャラメリゼが食感のアクセントになってます。

(How to make_P.203)

Pairing 2
〈温州みかんのフォンダンショコラ〉
×
〈アーモンドミルクカフェ with
ローズヒップカモミールシトラスシロップ〉

アーモンドミルクカフェ with
ローズヒップカモミールシトラスシロップ

ミルクブリューしてコーヒーの香りだけを移したアーモンドミルクに、
カモミールとハーブにシトラスのピールの香りを移したシロップをお好みで入れれば
スイーツの口溶けと一緒に広がる香りと味わいの変化を楽しんでいただけます。
（制作／香飲家・田中　How to make_P.205）

Chapter 3

アッシュ・ペアリングのレシピ

それぞれの技を駆使したペアリングのコースは、
ウエルカムドリンク、第1ペアリング、サレなど次に繋がるもう1品、
第2ペアリング、締めのドリンクやショコラなど、完璧なデザートコースです。
この章はスイーツとドリンクの第1ペアリングと第2ペアリング、
時には第3ペアリングのレシピまで、完全にご披露します。
実際に作ってみて味わうことでその繊細なマリアージュの余韻を
体感していただきたいと思います。

Menu.1_Welcome Drink

カカオパルプ＆ルバーブ トニックウォーター

P.065

トニックウォーター・シロップ

【材料（1000g分）】

オレンジ……1/2個分
ライム……2個
レモン……1個
冷凍レモングラス……65g
カルダモン（ホール）……3g
オールスパイス（ホール）……5g
水……1kg
ピンクソルト……2g
アガベシロップ……180g

【作り方】

1 柑橘は皮を向きスクイーザーで絞る。皮は細切りにする。
2 カルダモンを割り、レモングラスは2cm位にカットする。
3 鍋に水、1のピール、2、オールスパイスを入れて加熱し、沸騰したら弱火にして20分程煮込む。
4 3に1の果汁、ピンクソルト、アガベシロップを入れて馴染ませて常温になったらサラシで濾す。

仕上げ

【材料（1杯分）】

カカオパルプ……150g
ルバーブ・ピューレ……150g
トニックウォーター・シロップ……180g
ベルガモット汁……30g
アガベシロップ……50g
水……720g

【作り方】

1 トニックウォーター・シロップ以外全ての材料をミキサーで撹拌し、漉す。
2 ソーダストリームの容器に1とトニックウォーター・シロップを入れ、炭酸を加える。

Menu.1_Pairing 1

タンザニアルージュ・ゲヴェルツトラミネールとライチの泡

P.066

タンザニア・ショコラのムース

【材料（20個分）】

生クリーム（乳脂肪分35％）（A）……140g
水飴……55g
FARM to BAR ショコラ タンザニア……152.5g
生クリーム（乳脂肪分35％）（B）……180g

【作り方】

1 鍋に生クリーム（A）、水飴を合わせ、火にかける。
2 1が沸騰したら、ショコラを加えて混ぜ合わせ、乳化させる。
3 生クリーム（B）は6分立てにする。
4 2と3を合わせて型に流し、冷やし固める。

イチゴのマリネ

【材料（20個分）】

イチゴ……300g
パンプルムースロゼ・リキュール……288g
白ワインビネガー……72g
仁淀川山椒（実をミルで挽く）……0.05g

【作り方】

1 イチゴはヘタを取り、5mm厚さにスライスする。イチゴのスライス（1皿10g）をアシェット（皿）に並べる。
2 残りのイチゴと全ての材料を混ぜ、マリネする。

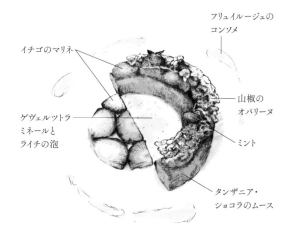

イチゴのマリネ
フリュイルージュのコンソメ
山椒のオパリーヌ
ゲヴェルツトラミネールとライチの泡
ミント
タンザニア・ショコラのムース

山椒のオパリーヌ

【材料（20個分）】
パラチニット……40g
仁淀川山椒（実をミルで挽く）……0.05g

【作り方】
1 鍋にパラチニットを入れて火にかけ、一度、シルパットに出して冷ます。
2 *1* をフードプロセッサーにかけ、粉状にする。
3 型に合わせて粉状のパラチニットをふる。
4 バーナーで火を入れる。
5 型からはずし、仁淀川山椒をふり、飾る。

フリュイルージュのコンソメ

【材料（20個分）】
水……100g
グラニュー糖……50g
イチゴ……80g
フランボワーズ……120g
バラ……6g
増粘剤……2g

【作り方】
1 鍋に、水とグラニュー糖を入れて沸かす。
2 イチゴはヘタを取り、スライスする。フランボワーズは刻む。
3 密閉袋にイチゴ、フランボワーズ、バラ、*1* のシロップを入れ、袋のまま湯煎にかける。
4 色が出たら濾し、増粘剤を入れる

ゲヴェルツトラミネールとライチの泡

【材料（20個分）】
水……160g
ライチ・ピューレ……40g
ゲヴェルツトラミネール（ワイン）……80g
ディタ・ライチ・リキュール……2.4g
板ゼラチン……4g

【作り方】
1 鍋にゼラチン以外の材料を入れ、温める。
2 ゼラチンを加えて溶かし、冷やし固める。
3 提供する直前にハンドブレンダーで泡立てる。

モンタージュ

【飾り】
ミント……適量
1 皿の中心に半円形のタンザニア・ショコラのムースをのせる。
2 タンザニア・ショコラのムースの上にフリュイルージュのコンソメのイチゴとフランボワーズ、山椒のオパリーヌ、ミントの葉を飾る。
3 反対側にイチゴのマリネをスライスして半円に飾る。
4 周りにフリュイルージュのコンソメをあしらう。
5 ゲヴェルツトラミネールとライチの泡をムースの真ん中に飾る。

Menu.1_Pairing 1

ハーバルレッドティー

P.068

【材料（仕上がり約1600g）】
ジンシロップ
ジュニパーベリー……60g
ドライレモングラス……30g
リコリス……10g
コリアンダー……30g
グリーンペッパー……20g
トランペドライ伊予柑……20g
フレッシュレモンピール……2個分
水……1000g
グラニュー糖……130g
レッドティー
ハイビスカス……32g
ローズヒップ……8g
ハイビスカスブレンド小粒……20g
水……1200g
とちあいかイチゴ・ピューレ……120g

【作り方】
1 ジュニパーベリーは粗めのみじん切りにする。
2 ジンシロップの材料を水から入れて沸かし、沸騰したら弱火にして10分程煮出してから濾す。グラニュー糖を加え、溶かしてから冷ます。
3 レッドティーの材料を水から入れて沸かし、沸騰したら蓋をして蒸らす。しっかり赤色が出たら濾して、とちあいかピューレと合わせて冷ます。

仕上げ

【材料（1杯分）】
ジンシロップ……50g

レッドティー……50g
ローズマリー……1枝

【作り方】
1 ジンシロップとレッドティーを1対1の割合で合わせてグラスに注ぎ、ローズマリーを1枝入れる。

Menu.1_Pairing 2

ルバーブのパイ包ミルクアイス添え

P.070

ルバーブとイチゴのコンフィチュール

【材料（20個分）】
グラニュー糖……52g
PGペクチン……12g
ルバーブ・ピューレ……667g
あまおう・ピューレ……42g
タイベリー・ピューレ……52g
レモン果汁……26g
ハチミツ……31g

【作り方】
1 グラニュー糖とペクチンをすり混ぜる。
2 ピューレ3種（ルバーブ、あまおう、タイベリー）とレモン果汁とハチミツを入れて沸騰するまで温める。
3 2に1のペクチンとグラニュー糖を入れてもう一度沸かす。

ラムシロップ漬けルバーブ

【材料（20個分）】
ネグリタラム……60g
30度ボーメシロップ……600g
　水……260g
　グラニュー糖……350g
カットルバーブ……300g

【作り方】
1 水とグラニュー糖を沸かして、30度ボーメシロップを作る。
2 1が沸いたら火を止め、シロップ600gにルバーブを入れ、粗熱が取れたらネグリタラムを入れて一晩冷蔵庫で冷やす。

クレーム・パティシエール

【材料（20個分）】
牛乳……320g
加糖卵黄……61g
グラニュー糖……45g
薄力粉……13g
プードルアラクレーム……16g
バニラビーンズ……0.08本
無塩バター……26g

【作り方】
1 牛乳、バニラビーンズの種とさやを鍋で沸かし、火を止めてラップをし、10分アンフュゼする。
2 加糖卵黄、グラニュー糖をボウルに入れて白っぽくなるまですり合わせ、ふるった薄力粉とプードルアラクレームを入れて混ぜ合わせる。
3 バターを角切りにしておく。
4 バニラのさやを取り出し、牛乳を沸かし直したものを2に1/4入れて素早く混ぜ、戻して沸騰するまで強火でたく。
5 中火にし、サラサラになって甘い匂いがしたら火を止めバターを入れて溶ける前に混ぜ込む。
6 網でボウルにこして、氷水で冷やす。

ラム・パティシエール

【材料（20個分）】
ラムシロップ漬けルバーブのシロップ……200g
クレーム・パティシエール……417g

【作り方】
1 ルバーブをつけていたラムシロップでクレーム・パティシエールを伸ばす。

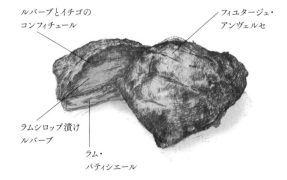

ルバーブとイチゴのコンフィチュール
フィユタージュ・アンヴェルセ
ラムシロップ漬けルバーブ
ラム・パティシエール

フィユタージュ・アンヴェルセ

【材料（20個分）】
〈デトランプ〉
発酵バター……42g
準強力粉（A）……125g
準強力粉（B）……167g
ゲランドの塩……8g
酢……1.4g
グラニュー糖……7g
水……150g

〈デトランプを作る〉
1 よく冷やした発酵バターと準強力粉（A）をミキサーに入れ、ダマがなくなり、粉状になるまで回す。
2 1と残りの材料をすべて合わせてミキサーで混ぜ、ひとまとめにする。

〈包み込みバター〉
発酵バター……333g
準強力粉……63g
強力粉……63g

〈下準備〉
1 包み込みバターの発酵バターをよく冷やしておく。
2 包み込みバターの具材すべてをミキサーに入れ、ゆっくりと合わせる。

【作り方】
〈アンヴェルセを折る〉
1 デトランプを横30×縦40cmに伸ばし、包み込みバターも横60×縦40cmに伸ばす。包み込みバターでデトランプを縦の長さを合わせて包む。
2 縦に80cm程になるように長方形に伸ばして三つ折りをする。さらに横に80cm程になるように長方形に伸ばして四つ折りにして、1～2時間冷蔵で休ませる。
3 2をもう1回繰り返す。
4 縦に80cm程になるよう長方形に伸ばし三つ折りをし、使いやすい大きさに分割しておく。

〈焼成する〉
1 アンヴェルセを3mmに伸ばし、直径8.7cmの型で抜いて縦に20cmまで伸ばす。
2 1の上半分に、ラム・パティシエール30g、ラムシロップ漬けルバーブ15gを入れ、アンヴェルセを半分に折り包む。
3 ドリュール（加糖卵黄30g、牛乳7g）を塗り、乾いたら模様を描く。
4 170℃のオーブンで50分焼く、さらに160℃で30分焼き、180℃で5分焼く。さらに160℃で30分焼き、180℃で5分焼く。一度取り出し、横からルバーブとイチゴのコンフィチュールを30g入れて、180℃のオーブンで7分焼く。

ミルクアイス

【材料（20個分）】
牛乳……208g
グラニュー糖……57g
スキムミルク……12g
バニラビーンズ……0.2g
生クリーム（脂肪分47％）……93g

【作り方】
1 グラニュー糖とバニラビーンズをすり合わせ、スキムミルクを加える。
2 温めた牛乳と生クリームを合わせる。
3 冷やしたらアイスクリームマシンで回す。

モンタージュ

1 皿にルバーブのパイ包みにミルクアイスを添える。

Menu.1_Pairing 2

そば茶と珈琲の
ミルクブリュー

P.072

【材料（仕上がり20人分）】
コーヒー……300g
だったんそば茶葉……100g
牛乳……5ℓ
デーツシロップ……100g

【作り方】
1 牛乳にコーヒー、だったんそば茶を入れる。このとき麦茶用の濾し袋に入れておくとよい。
2 冷蔵庫で8～12時間浸しておく。
3 茶漉しで漉してデーツシロップで甘味を加える。

Menu.2_ Welcome Drink

ジェニパーベリーソーダ

P.075

Menu.2_Pairing 1

木苺とバニラ

P.076

ジュニパーベリーソーダ

【材料(仕上がり1100g)】
ジュニパーベリー……100g
水……1200g

【作り方】
1 ジュニパーベリーをフードプロセッサーで砕き、真空機の専用袋に水と一緒に入れて真空機にかけ、冷蔵庫に入れて1日置いてエキスを出す。
2 1を濾してソーダマシン専用ボトルに入れ、強めの炭酸にする。

ダブルベリーソース

【材料(仕上がり1000g)】
BASEあまおう・ピューレ……500g
フランボワーズ・ピューレ……250g
グラニュー糖……250g
レモン・ピューレ……10g

【作り方】
1 BASEあまおう・ピューレ、フランボワーズ・ピューレ、グラニュー糖を鍋に入れ、中火にかけてグラニュー糖を溶かし、火を止めてレモン・ピューレを入れて混ぜ、粗熱を取って冷蔵庫で冷やす。

仕上げ

【材料(1杯分)】
ジュニパーベリーソーダ……60g
ダブルベリーソース……30g
湘南ゴールド……1/8(カルチェカット)

【作り方】
1 グラスにジュニパーベリーソーダとダブルベリーソースを合わせて注ぎ、湘南ゴールドをグラスの縁に飾る。飲むタイミングで湘南ゴールドを絞り、グラスの中へ入れる。

パイ生地(アンヴェルセ)

【材料(20個分)】
〈デトランプ〉
発酵バター……25g
準強力粉(A)……75g
準強力粉(B)……100g
ゲランドの塩……5g
酢……0.83g
グラニュー糖……4.18g
水……90g
〈バター生地〉
発酵バター……200g
強力粉……37.5g
準強力粉……37.5g
粉糖……適量

【作り方】
〈デトランプを作る〉
1 角切りにした発酵バターと準強力粉(A)をフードプロセッサーに入れ、サブラージュする。
2 ミキサーボウルに準強力粉(B)を入れて1を加え、軽く合わせる。
3 2を回しながらゲランドの塩、酢、グラニュー糖、水を合わせたものを少しずつ加える。

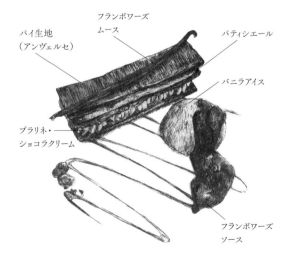

パイ生地(アンヴェルセ) / フランボワーズムース / パティシエール / バニラアイス / プラリネ・ショコラクリーム / フランボワーズソース

〈バター生地を作る〉

1 発酵バターをビーターでほぐし、強力粉、準強力粉を入れて合わせる。

〈アンヴェルセを作る〉

1 8〜10mmにのしてデトランプを上記のバター生地で包み、90°回転して8〜10mmに伸ばして三つ折りにする。冷蔵庫で1時間ぐらい休ませる。

2 90°回転して8〜10mmにのして四つ折り→冷蔵庫で1〜2時間休ませる。

3 90°回転して8〜10mmにのして三つ折り→冷蔵庫で1〜2時間休ませる。

4 3を2回繰り返す。

5 25mmにのして8〜10mmにスライスし、短い辺を伸ばすように2mmにのす。30分〜1時間休ませる。

6 シルパンを敷いた鉄板に並べ、浮きすぎないように1cmのバールを間に置き、上に鉄板を置く。

7 180℃のオーブンで約25分焼成する。

8 オーブンから出して全体に粉糖をふり、220℃で4、5分粉糖が溶けるまでキャラメリゼする。

パティシエール

【材料(20個分)】

牛乳……500g
加糖卵黄……119g
グラニュー糖……47.5g
薄力粉……20g
プードルアラクレーム……25g
バニラビーンズ……0.125g
無塩バター……40g

【作り方】

1 牛乳、バニラビーンズの種とさやを鍋で沸かし、火を止めてラップをし、10分アンフュゼする。

2 加糖卵黄、グラニュー糖をボウルに入れて白っぽくなるまですり合わせ、ふるった薄力粉とプードルアラクレームを入れて混ぜ合わせる。

3 バターは角切りにしておく。

4 バニラのさやを取り出し、牛乳を沸かし直して②に1/4入れて素早く混ぜ、戻し入れて沸騰するまで強火でたく。

5 中火にし、サラサラになって甘い匂いがしたら火を止め、バターを入れて溶ける前に混ぜ込む。

6 網でボウルに濾して、氷水で冷やす。

自家製プラリネアーモンド

【材料(20個分)】

水……4.8g

グラニュー糖……19.2g
アーモンド(ロースト)……30g

【作り方】

1 水とグラニュー糖を鍋で、濃い茶色になるくらいまで火にかけ、キャラメルを作る。

2 火を止めてローストしたアーモンドを入れて合わせ、シルパットの上に広げて冷ます。

3 2をフードプロセッサーで液状になる手前(粒が少し残るくらい)まで回す。

プラリネショコラクリーム

【材料(20個分)】

自家製プラリネアーモンド……20g
生クリーム(脂肪分35%)(A)……117.5g
ショコラ(アゼリア)……125g
生クリーム(脂肪分35%)(B)……170g

【作り方】

1 ボウルにショコラを入れて半分くらい溶かす。

2 生クリーム(A)を鍋で沸かし、1に少しずつ入れて混ぜ、乳化させる。

3 30℃まで落としたプラリネアーモンド、生クリーム(B)を入れて合わせる。

バニラアイス

【材料(20個分)】

牛乳……514g
生クリーム(脂肪分35%)……80g
スキムミルク……27.6g
トレハロース……25g
グラニュー糖……60g
粉末水飴・・・32.8g
安定剤(パンナネーヴェ)……3.4g
バニラエキストラクト……1.6g

【作り方】

1 牛乳、生クリーム、バニラエキストラクトを鍋で沸かす。

2 スキムミルク、トレハロース、グラニュー糖、粉末水飴、安定剤をボウルに入れてよくすり合わせてから入れ、再沸騰させる。

3 粗熱が取れたら、アイスマシーンで回す。

フランボワーズソース

【材料(20個分)】

フランボワーズペパン……160g
フランボワーズペパン・ピューレ……120g
フランボワーズ……120g

【作り方】
1 材料をボウルに入れて合わせる。

フランボワーズムース

【材料（20個分）】
フランボワーズ・ピューレ……55g
グラニュー糖……22g
フランボワーズオードヴィー……2.8g
板ゼラチン……1.4g
生クリーム（脂肪分35％）……38.6g
ノワールショコラ……300g
サラダ油……60g
ブラックココアパウダー……適量

【作り方】
1 フランボワーズ・ピューレとグラニュー糖を耐熱容器に入れて、電子レンジで60℃まで上げる。
2 氷水でふやかしたゼラチンを入れて溶かし、25℃まで下げる。
3 フランボワーズオードヴィーを入れて合わせ、さらに6分立てにした生クリームと合わせ、型に流す。
4 冷凍庫で固め、溶かしたノワールショコラとサラダ油にくぐらせてコーティングする。
5 ブラックココアパウダーをふるう。

モンタージュ

【材料】
フランボワーズパウダー……適量
ヘーゼルナッツ……適量
ピスタチオ……適量

1 パイの上にプラリネショコラクリームを絞り、パイを重ねた上にパティシエールを絞り、パイを重ねる。
2 ディッシャーでバニラアイスを飾り、上にフランボワーズソースをかける。
3 フランボワーズパウダーを軽くふり、ローストしたヘーゼルナッツと刻んだピスタチオを散らす。
4 フランボワーズムースをパイの上に立てかける。

Menu.2_Pairing 1

ベリーコーヒー

P.078

ベリーミックスソース※

【材料（仕上がり300g）】
ミックスベリー……200g
グラニュー糖……100g
レモン・ピューレ……10g

【作り方】
1 鍋にミックスベリー、グラニュー糖、レモン・ピューレの半量を入れ中火にかけてグラニュー糖が溶けるまで煮溶かす。
2 1のグラニュー糖が溶けたら氷水に当てて冷やし、残りのレモン・ピューレを入れて混ぜる。

仕上げ

【材料（1杯分）】
コーヒー豆（グアテマラ 8g、エチオピアイルガチェフ 2g）……10g
薔薇……5g
湯……200g
※ベリーミックスソース……50g
ワインソース……10g

【作り方】
1 容器に粗挽きに引いたコーヒー豆、薔薇、湯を入れて蓋をし、5分蒸らす。
2 茶漉しで漉し急速に冷やす。

Menu.2_Pairing 2

フォレノワールと タンザニアアイス

P.080

グリオットチェリーコンフィ

【材料(20個分)】

グラニュー糖……176g
水……88g
レモン果汁……88g
冷凍グリオットホール……280g
キルシュ……380g
アニス……1g

【作り方】

1 鍋にグラニュー糖、水、レモン果汁、冷凍グリオットホール、アニスを入れて、一度沸騰させる。
2 沸騰したら、中身とシロップを分け、鍋にシロップだけ戻し、弱火で15分程煮詰める。
3 グリオットを2に戻してキルシュを入れ、1分程火にかけ、アルコールを軽く飛ばす。
4 3をタッパーに移して、落としラップをして冷蔵庫で冷やす。(シロップも使用)。

クレーム・シャンティ

【材料(20個分)】

生クリーム(脂肪分35%)……300g
生クリーム(脂肪分47%)……300g
コンパウンドクリーム……150g
グラニュー糖……67.5g

【作り方】

1 ボウルに材料を入れて氷水に当てながら、ハンドミキサーで7分立てぐらいに立てる。

フランボワーズチュイル

【材料(20個分)】

フランボワーズ・ピューレ……100g
レモン果汁……5g
粉糖……80g
無塩バター……50g
薄力粉……35g

【作り方】

1 ボウルにフランボワーズ・ピューレ、レモン果汁を入れて混ぜ、粉糖を加えてよく混ぜる。
2 溶かしたバターを加えて混ぜて、最後に薄力粉を入れて混ぜる。
3 鉄板にシルパットを乗せて生地を薄めにのす。
4 150℃のオーブンで10分焼成する。
5 焼き上がったら、19.5×4.5cmの長方形にカットして、55×40cmのセルクルに巻き付け、つなぎ目を下にして粗熱が取れるまで落ち着かせる。

タンザニアアイス

【材料(20個分)】

牛乳……644g
生クリーム(脂肪分35%)……5g
安定剤(パンナネーヴェ)……4g
スキムミルク……36g
グラニュー糖……50g
粉末水飴……50g
FARM to BAR ショコラ タンザニア……160g

【作り方】

1 鍋に牛乳と生クリームを入れて沸騰させる。
2 ボウルに安定剤、スキムミルク、グラニュー糖、粉末水飴を入れて、ホイッパーで混ぜる。
3 牛乳が沸騰したらホイッパーで混ぜながら、2を加えて再度沸騰させる。
4 もう一度沸騰したら、刻んだショコラのボウルに加え、ハンドブレンダーをかけて滑らかにする。
5 落としラップをして冷蔵庫で一晩冷やして、アイスマシーンで回す。

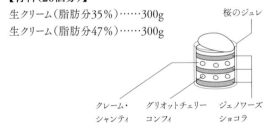

桜のジュレ
クレーム・シャンティ
グリオットチェリーコンフィ
ジェノワーズショコラ

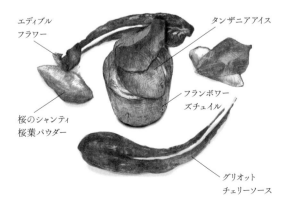

エディブルフラワー
タンザニアアイス
桜のシャンティ 桜葉パウダー
フランボワーズチュイル
グリオットチェリーソース

桜のジュレ

___

【材料（20個分）】

白ワイン……300g

水……100g

グラニュー糖……68g

板ゼラチン……17.7g

トックブランシュ桜……120g

レモン果汁……20g

キルシュ……15g

【作り方】

1 ゼラチンは氷水につけてふやかしておく。

2 鍋に白ワイン、水、グラニュー糖、レモン果汁、トックブランシュ桜を入れて、沸騰させる。

3 沸騰したらキルシュを入れ、ゼラチンも入れる。溶けたら保存容器に濾して落としラップをして冷蔵庫で1日冷やす。

桜のシャンティ

___

【材料（20個分）】

コンパウンドクリーム……75g

生クリーム（脂肪分35％）……150g

生クリーム（脂肪分47％）……150g

グラニュー糖……33.7g

トックブランシュ桜……60g

【作り方】

1 ボウルに材料を全部入れ、7分立てにする。

桜葉パウダー

___

【材料（20個分）】

桜葉パウダー……50g

プードルデコール……25g

【作り方】

1 材料をホイッパーで混ぜる。

グリオットチェリーソース

___

【材料（20個分）】

グリオット・ピューレ……300g

グラニュー糖……30g

レモン果汁……20g

水……30g

キルシュ……10g

【作り方】

1 鍋にグリオット・ピューレ、グラニュー糖、レモン果汁、水を入れてゴムベラで混ぜながら8分程煮詰めてとろみをつける。

2 キルシュを加えて、沸騰させる。

ジェノワーズショコラ

___

【材料（20個分）】

全卵……412g

グラニュー糖……218g

水飴……21.5g

薄力粉……165g

ココアパウダー……35.75g

無塩バター……44g

【作り方】

1 全卵とグラニュー糖と水飴をボウルに入れて40℃ぐらいまで温めて、ミキサーで高速にし7分立てる。その後、中速で5分立て、さらに低速で5分かける。（持ち上げた時にもったりとなって筋が残るまで）

2 ふるった薄力粉とココアを*1*に入れ、さっくりと混ぜてバターを溶かし、少量を生地に取って混ぜ、元の生地に2回に分けてバターを混ぜ、サックリと合わせる。

3 クッキングシートを敷いた鉄板に生地を流し入れ、平らにならして、180℃のオーブンで10分〜15分焼成する。

4 粗熱が取れたら高さ1cmにカットして、55×40cmのセルクル型で抜く。

モンタージュ

___

【飾り】

エディブルフラワー……適量

桜の葉パウダー……適量

1 セルクルにジェノワーズショコラをはめ、グリオットチェリーコンフィをつけてたシロップを打つ。

2 *1*の上にクレーム・シャンティを1cmぐらい絞り、グリオットを半分にカットしたものを4つ乗せて、生地を乗せる。もう一度この工程を繰り返すして冷蔵庫で20分程休ませる。

3 お皿にグリオットチェリーのソースで模様を書き、中心に*2*を乗せる。

4 *3*にフランボワーズチュイルを巻いてクレームシャンティを絞り、桜のジュレを軽くほぐしたものを中心に乗せ、その上にタンザニアアイスを乗せる。

5 桜のシャンティを盛り付け、桜葉パウダーをふりかけ、エディブルフラワーを飾る。

Menu.2_Pairing 2

チェリーブロッサム
ヴィンコット

P.082

サワーチェリーヴィンコットソース※

【材料（仕込み・作りやすい分量）】
赤ワイン……500g
グラニュー糖……500g
サワーチェリー・ピューレ……700g

【作り方】
1 鍋に赤ワインとグラニュー糖を入れ、中火かけてグラニュー糖を溶かし、2/3量に煮詰めてから粗熱をとり、冷蔵庫で冷ます。
2 1にサワーチェリーピューレを合わせる。

桜フォンダンウォーター

【材料（仕込み・作りやすい分量）】
水……1000g
桜の葉塩漬け……4枚

【作り方】
1 ボトルに水と桜の葉の塩漬けを入れて、冷蔵庫で2時間以上置き、香りを移す。

仕上げ

【材料（1杯分）】
※サワーチェリーヴィンコットソース……50g
桜フォンダンウォーター……50g
桜の塩漬け……1輪

【作り方】
1 水を張ったボウルに桜の塩漬けを入れ、10～20分程度浸けて塩抜きをしておく。
2 グラスにサワーチェリーヴィンコットソースと桜フォンダンウォーターを入れ、ステアして1を浮かべる。

Menu.3_ Welcome Drink

シトラスライチ・
グリーンティー

P.085

台湾緑茶

【材料（仕上がり1000g）】
四季春烏龍茶葉……20g
沸騰した湯……650g
水……100g
氷……300g

【作り方】
1 汲みたての水道水を沸騰させる。
2 容器に茶葉を入れ、沸騰した湯を勢いよく注ぎ、蓋をして4分間蒸らす。
3 2に氷と水を入れて軽く混ぜる。氷が溶けたら濾して容器に移す。

ライチソース

【材料（仕上がり775g）】
冷凍ライチ……1000g
グラニュー糖……250g
レモン・ピューレ……25g

【作り方】
1 冷凍ライチを解凍し、ブレンダーで撹拌して網にサラシを重ねて濾す。（半量になる）
2 鍋に1、グラニュー糖、レモン・ピューレの半量を入れ中火にかけてグラニュー糖が溶けるまで煮溶かす。
3 2のグラニュー糖が溶けたら氷水に当てて冷やし、残りのレモン・ピューレを入れて混ぜる。

日向夏ソース

【材料（仕上がり1300g）】
日向夏・ピューレ……1000g
グラニュー糖……250g
レモン・ピューレ……50g

【作り方】
1 鍋に日向夏・ピューレ、グラニュー糖、レモン・ピューレの半量を入れ中火にかけてグラニュー糖が溶けるまで煮溶かす。
2 1のグラニュー糖が溶けたら氷水に当てて冷やし、残りのレモン・ピューレを入れて混ぜる。

仕上げ

【材料（1杯分）】
台湾緑茶葉……100g
ライチソース……30g
日向夏ソース……20g
【飾り】
ピンクソルト スノースタイル……適量
【作り方】
1　全ての材料をソーダマシンのボトルに入れて炭酸を充填する。
2　グラスの縁にピンクソルトをまぶし1をそそぐ。

Menu.3_Pairing 1

クレープ・ア・ラ・ペッシュ

P.086

ミントクレープ生地

【材料（20個分）】
全卵……300g
グラニュー糖……82.5g
薄力粉……115g
米粉……8.25g
牛乳……300g
無塩バター……50g
スペアミント……0.5g
【作り方】
1　グラニュー糖、薄力粉、米粉をすり合わせる。
2　全卵に1の粉類を少量ずつ加え、ダマにならないよう混ぜ合わせる。
3　溶かしバターと牛乳を加えて濾す。
4　ミルで刻んだミントを加える。

桃ミントソース

【材料（20個分）】
抽出液……22g
　スペアミント……8g
　湯……100g
白桃・ピューレ……80g
スペアミント……8g
【作り方】
1　粗く刻んだミントを湯で抽出する。
2　1の抽出液、白桃・ピューレ、細かく刻んだミントを混ぜ合わせる。

桃のシロップ※

【材料（20個分）】
桃の濃縮果汁（トックブランシュピーチ）……55g
30度ボーメシロップ……927g
　水……425.5g
　グラニュー糖……574.5g
レジーナ……92.6g
ビタミンC……2.76g
レモン果汁……122.52g
桃……930g
【作り方】
1　水とグラニュー糖を沸かして30度ボーメシロップを作る。
2　レンジで温めたレモン果汁にビタミンCを加えて溶かす。
3　2に桃の濃縮果汁、30度ボーメシロップ、レジーナを合わせる
4　3に皮をむいた桃を10等分に柵切りし、1時間程漬け込む。（シロップに漬け込んだ桃はアイスとコンポートで使用）

桃シャンティ

【材料（20個分）】
生クリーム（脂肪分35％）……1200g
※桃のシロップ（brix50）……840g
【作り方】
1　生クリームと※桃のシロップを合わせて氷水にあて、ハンドブレンダーで泡立てる。

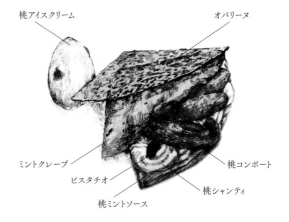

桃アイスクリーム
オパリーヌ
ミントクレープ
ピスタチオ
桃ミントソース
桃コンポート
桃シャンティ

桃コンポート

【材料(20個分)】
桃1/10にカットしたもの(※桃のシロップに漬け込んだ桃)
　……300g
※桃のシロップ(brix50)……80g

【作り方】
1　桃とシロップを湯煎で温め、桃が柔らかくなるまで煮込んでいく。

桃アイスクリーム

【材料(20個分)】
牛乳……840g
白桃・ピューレ……630g
グラニュー糖……252g
トレハロース……126g
スキムミルク……63g
安定剤(パンナネーヴェ)……4.2g
加糖卵黄……210g
レジーナ……113.4g
桃の濃縮果汁(トックブランシュピーチ)……105g
桃(※桃のシロップに漬け込んだ桃)……630g

【作り方】
1　牛乳、グラニュー糖、トレハロース、スキムミルク、安定剤、加糖卵黄を合わせて82℃まで温め、アングレーズソースを作る。
2　白桃・ピューレ、レジーナ、桃の濃縮果汁(トックブランシュピーチ)をアイスクリームマシンに入れて回す。
3　漬け込んだ桃を軽く刻んで2に合わせる。

オパリーヌ

【材料(20個分)】
水……100g
グラニュー糖……250g
水飴……124g
食用色素赤102……0.4g

【作り方】
1　水、グラニュー糖、水飴を手鍋に入れて加熱する。
2　約140℃程になったら色素赤102を入れ、約160℃まで煮詰め、クッキングシートに薄く広げて冷ます。
3　完全に冷めたらフードプロセッサーで粉砕する。
4　粉砕した3を茶濾しで厚めにふるいながら形を作る。
5　160℃のオーブンに入れて溶かす。
6　固まるまで冷やす。

モンタージュ

【追加材料】
バター……適量
ピスタチオ……適量

1　熱したフライパンにバターをひき、ミントクレープ生地を少量ずつ均一にうすく広げて焼く。
2　ミントクレープ生地を2等分して、間に桃ミントソースを塗って重ねる。
3　右半分に桃シャンティを絞って、その上に桃コンポートを3.5切れ並べる。
4　刻んだピスタチオをまんべんなく振りかける。
5　生地の左半分を閉じて、オパリーヌを飾り、桃アイスクリームを添える。

Menu.3_Pairing 1

夏みかん
アールグレイティー

P.088

夏みかんソース

【材料(仕上がり1120g)】
夏みかん・ピューレ……700g
グラニュー糖……350g
レモン・ピューレ……70g

【作り方】
1　鍋に夏みかん・ピューレ、グラニュー糖、レモン・ピューレの半量を入れて中火にかけ、グラニュー糖が溶けるまで煮溶かす。
2　1のグラニュー糖が溶けたら氷水に当てて冷やし、残りのレモン・ピューレを入れて混ぜる。

水出しアールグレイティー

【材料(仕上がり1000g)】
アールグレイ茶葉……16g
ミント……1g
水……1000g

【作り方】
1　容器に茶葉を入れ、一晩寝かせる。

仕上げ

【材料(1杯分)】
夏みかんソース……30g
水出しアールグレイティー……100g

【作り方】
1 グラスに全ての材料を入れて混ぜる。

Menu.3_Pairing 2

サバラン エキゾチック

P.090

メレンゲ

【材料(20個分)】
卵白……250g
グラニュー糖……250g
粉糖……250g

【作り方】
1 卵白をミキサーで撹拌しながらグラニュー糖を3〜4回に分けて加え、メレンゲを作る。
2 *1*に粉糖を加えてさっくり混ぜ合わせ、丸口金6番で棒状に絞る。
3 *2*を90℃のオーブンで約2時間程焼成する。

メランジュフリュイエキゾチック

【材料(20個分)】
ポワール・ピューレ……284.5g
ライチ・ピューレ……28.4g
クローブ……2.1g
スターアニス……3.6g
マンゴー……170.7g
バナナ……170.7g
ライム・ゼスト……適量

【作り方】
1 ポワール・ピューレとライチ・ピューレ、クローブ、スターアニスをボウルに入れ、1時間置いてアンフュゼする。
2 香りが移ったらスターアニス、クローブを取り除く。
3 バナナ、マンゴーを1cm角にカットしたものとライム・ゼストを*1*に混ぜ合わせる。

クレームシャンティ

【材料(20個分)】
生クリーム(乳脂肪分35%)……509.3g
グラニュー糖……40.7g

【作り方】
1 生クリームにグラニュー糖を加えて泡立てる。

パータババ

【材料(20個分)】
強力粉……89.6g
グラニュー糖……7.2g
ドライイースト……1.5g
塩……1.6g
全卵……60g
牛乳……39.4g
バター……20.6g

【作り方】
1 強力粉、グラニュー糖、塩、ドライイーストを混ぜ合わせる。
2 30℃に調温した全卵、牛乳を順に加え混ぜる。
3 *2*の一部を取り、生地がちぎれず膜が張った状態になったら、常温に戻して角切りしたバターを加え混ぜる。
4 バターを塗った型(直径4cmの円柱)に*3*を10g絞る。
5 生地が乾かないように霧を吹き、ラップをして25℃の場所で40〜50分発酵させる。
6 発酵したら180℃のオーブンで12分、150℃で5分、焼成する。

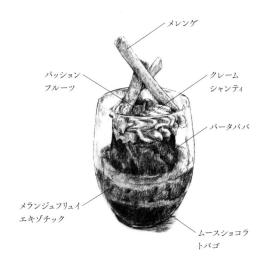

メレンゲ
パッションフルーツ
クレームシャンティ
パータババ
メランジュフリュイエキゾチック
ムースショコラトバゴ

シロップ

【材料（20個分）】
水……500g
グラニュー糖……250g
【作り方】
1　水とグラニュー糖を合わせ沸かす。

ムースショコラトバゴ

【材料（20個分）】
生クリーム（脂肪分35％）(A)……246.1g
水飴……98.4g
FARM to BAR ショコラ トリニダード トバゴ……300.2g
生クリーム（脂肪分35％）(B)……295.3g
【作り方】
1　生クリーム(A)、水飴を合わせ60℃に温める。
2　1を40℃に溶かしたショコラに加えて乳化させる。
3　2に6分立てした生クリーム(B)を加えて混ぜる。
4　3を45gグラスに流して冷やし固める。

モンタージュ

【飾り】
パッションフルーツ……適量
コアントロー……適量
1　3cmの高さに整えたパータババの生地を沸騰したシロップに漬け染み込ませる。
2　冷やし固めたムースショコラトバゴの上にメランジュフリュイエキゾチックを32g流す。
3　2の上にシロップに漬けたパータババを配しコアントローをかける。
4　3の上にクレームシャンティを星口金8番で25g絞る。
5　4にパッションフルーツを適量かけ、メレンゲをバランス良く飾る。

Menu.3_Pairing 2

アプリコットスモーキーティーソーダ

P.092

京番茶

【材料（仕上がり500g）】
京番茶葉……80g
水……1100g
オレンジスライス……1個分
【作り方】
1　水にオレンジスライスを入れてフォンダンしておく。
2　鍋に1を沸騰させて京番茶を入れて3分蒸らして濾して冷ます。

アプリコットオレンジペースト

【材料（仕上がり500g）】
アプリコットコンフィ……225g
ニューサマーオレンジ・ピューレ……125g
三温糖……125g
【作り方】
1　鍋にピューレと三温糖を入れて溶かして冷ましておく。
2　アプリコットコンフィと1をブレンダーに入れて滑らかなペーストにする。

仕上げ

【材料（1杯分）】
京番茶葉……25g
アプリコットオレンジペースト……25g
炭酸水……50g
【作り方】
1　京番茶とペーストをよく混ぜ合わせる。
2　1に炭酸を注ぐ。

Menu.4_ Welcome Drink

シトラスクラッシュ スパークリング

P.095

日向夏ソース※

【材料(仕上がり1300g)】
日向夏・ピューレ……1000g
グラニュー糖……250g
レモン・ピューレ……50g

【作り方】
1 鍋に日向夏・ピューレ、グラニュー糖、レモン・ピューレの半量を入れ中火にかけてグラニュー糖が溶けるまで煮溶かす。
2 1のグラニュー糖が溶けたら氷水にあてて冷やし、残りのレモン・ピューレを入れて混ぜる。

仕上げ

【材料(1杯分)】
タイレモン……1個
レモングラス……3g
アガベシロップ……5g
水……85g
※日向夏ソース……25g

【作り方】
1 タイレモンは4等分に、レモングラスはせん切りにカットする。
2 シェーカーに1を入れてペストルで潰し、水と日向夏ソース、アガベシロップを入れて混ぜ合わせる。
3 ソーダストリームのボトルに2を漉しながら入れ、炭酸を作る。
4 グラスにそそぐ。

Menu.4_Pairing 1

日向夏のタルト

P.096

パートシュクレ

【材料(20個分)】
無塩バター……112.5g
粉糖……84.4g
ゲランドの塩……1.9g
薄力粉(A)……56.25g
アーモンドプードル……28.1g
薄力粉(B)……165.6g
全卵……46.9g

【作り方】
1 ミキサーボウルに冷蔵庫から取り出してすぐのバターと薄力粉(A)を入れミキサーでほぐす。
2 粉糖、塩を加え混ぜ合わせる。
3 常温に戻した全卵を加え、ひとまとまりにする。
4 アーモンドプードルを入れ混ぜる。
5 薄力粉(B)を混ざる。

クレームパティシエール※

【材料(20個分)】
牛乳……78.8g
加糖卵黄……15g
グラニュー糖……11g
薄力粉……3.2g
プードルアラクレーム……3.9g
バニラビーンズ……0.02本
無塩バター……6.3g

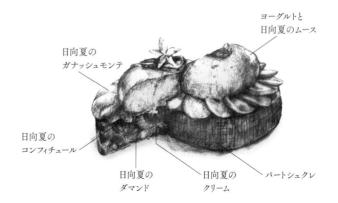

ヨーグルトと日向夏のムース
日向夏のガナッシュモンテ
日向夏のコンフィチュール
日向夏のダマンド
日向夏のクリーム
パートシュクレ

【作り方】

1 牛乳、グラニュー糖1掴み、バニラビーンズを入れ沸かして、火を止め、ラップで10分間蓋をして香りを移す。

2 加糖卵黄、グラニュー糖をボウルに入れて白っぽくなるまですり合わせをし、ふるった薄力粉、プードルアラクレームを入れて混ぜ合わせる。

3 沸かした1を2に半量入れなじませ、1の手鍋に戻し再度加熱する。

4 液状のものから重たい感触になってきて少し透き通った感じに変わるまで混ぜる。

5 さらに少し加熱し、艶が出てきたら火を止めて角切りしたバターを加え、余熱で混ぜる。

6 網で漉し、15℃(菌が繁殖しない温度帯)まで混ぜながら氷水にあてて急冷する。

日向夏のダマンド

【材料(20個分)】

無塩バター……117.4g

粉糖……58.7g

ゲランドの塩……0.15g

アーモンドプードル……58.7g

全卵……58.7g

日向夏・ゼスト……7個分

※クレームパティシエール……90g

【作り方】

1 常温に戻したバターをミキサーでほぐす。

2 粉糖、塩を入れて混ぜる。

3 アーモンドプードルを入れ混ぜる。

4 日向夏・ゼストを入れる。

5 全卵を26℃にあたため、少しずつ入れながら混ぜる。

日向夏のクリーム

【材料(20個分)】

日向夏・ピューレ……70g

レモン果汁……16g

ハチミツ……6g

トレハロース……30g

全卵……60g

カカオバター……24g

無塩バター……80g

日向夏・ゼスト……0.4個分

日向夏リキュール……2g

【作り方】

1 日向夏・ピューレ、レモン果汁、ハチミツ、トレハロース、全卵を合わせて82℃まで炊く。

2 炊きあがったものを漉して40℃まで冷ます。

3 40℃に冷めたところに溶かしたカカオバターを入れて乳化させる。

4 角切りにしたバターを入れてきれいに混ぜる。

5 日向夏・ゼスト、日向夏リキュールを入れる。

日向夏のコンフィチュール

【材料(20個分)】

日向夏※……約2個

日向夏・ゼスト……96g

日向夏・ピューレ……240g

レモン果汁……9.6g

グラニュー糖……38.4g

ゲル化剤(ジャムベース)……4.8g

日向夏リキュール……3.84g

※日向夏の皮をむいて3mm角程度に刻み、柔らかくなるまでゆがく

【作り方】

1 日向夏・ゼスト、日向夏・ピューレ、レモン果汁を火にかける。

2 グラニュー糖、ゲル化剤(ジャムベース)をすり合わせて1に入れる。

3 糖度計Brix29になるまで炊いて、冷ます。

4 粗熱がとれたら日向夏リキュールを入れる。

日向夏のガナッシュモンテ

【材料(20個分)】

ショコラブラン……127.5g

日向夏・ピューレ……60g

生クリーム(脂肪分35%)(A)……75g

日向夏・ゼスト……0.75個分

生クリーム(脂肪分35%)(B)……112.5g

ゼラチン(顆粒)……1.5g

【作り方】

1 生クリーム(A)を沸かして日向夏・ゼストを加え、ラップをして10分間アンフュゼする。

2 1を漉し、日向夏・ピューレを加えて50℃以上に温める。ゼラチンを加えてホイッパーで溶かす。

3 2に溶かしたショコラブランを加えて乳化させ、ガナッシュにする。

4 3に生クリーム(B)を加えて混ぜ、1晩寝かせる。

ヨーグルトと日向夏のムース

【材料(20個分)】

ヨーグルト……95.5g

日向夏・ピューレ……153.4g

ハチミツ……25.5g
ゼラチン（顆粒）……5.3g
湯……40.8g
生クリーム（脂肪分35%）……143.2g
日向夏リキュール……6.4g

【作り方】
1 ヨーグルト、日向夏・ピューレ、ハチミツを混ぜる。
2 湯で溶いたゼラチンを1に入れる。日向夏リキュールを加える。
3 生クリームを7分立てにし、やさしく混ぜ合わせる。
4 型（φ3cmのストーン型）に流して冷凍する。

日向夏グラッサージュ

【材料（20個分）】
ナパージュミロワール……80g
ナパージュスブリモ……40g
水……12g
日向夏ゼスト……0.2個分

【作り方】
1 すべての材料をボウルに入れよく混ぜ合わせる。

飾り用日向夏ゼスト

【材料（20個分）】
日向夏・ゼスト……1玉分
30度ボーメシロップ……117.5g
  水……50g
  グラニュー糖…67.5g
赤色色素……適量

【作り方】
1 水とグラニュー糖を沸かして30度ボーメシロップを作る。
2 日向夏の皮を薄くむき、なるべく細く長くカットする。
3 カットしたものを柔らかくなるまでゆがく。
4 ゆがいた皮を赤く着色した30度ボーメに浸けて1晩寝かす。

モンタージュ

1 パートシュクレを薄くのばす（底用2mm、側面用1.5mm）。
2 パートシュクレをφ70mmのセルクルに沿って敷き込む。
3 シュクレを敷き込んだセルクルに、日向夏のダマンドを半分（20g）詰める。
4 165℃のオーブンで約25分焼成する。底からの火が強い場合は鉄板2枚敷く。
5 焼き上がり後はすぐに鉄板からおろす。
6 土台が冷めたら日向夏のクリーム、日向夏のコンフィチュールを順に詰めて擦り切る。

7 擦り切った上に泡立ててしっかりなめらかになった日向夏のガナッシュモンテをバラ口金104で花びらのように絞る。
8 バットに網を置きその上にヨーグルトと日向夏のムースを並べる。40℃まで温めた日向夏のグラッサージュを日向夏のムースにかけて表面の余分なものはパレット等でかるく落とす。
9 7の土台の真ん中に、ムースをのせ、飾り用の日向夏ゼストをきれいに飾る。

Menu.4_Pairing 1

鴛鴦スパイスティー
（えんおう）

P.097

鴛鴦スパイスシロップ

【材料（仕上がり1000g）】
水……1600g
A クローブ……24g（丸い部分を取り除く）
  カルダモン……24g（切り目を入れる）
  シナモンスティック……6本（砕く）
  スターアニス……6g（砕く）
  ブラックペッパー……6g
  クミンシード……12g（荒く刻む）
  ローリエ……6枚
B アールグレイ茶葉……40g
  グァテマラとエチオピアモカのブレンドコーヒー粗挽き
  ……20g
三温糖……400g

【作り方】
1 鍋に水とAのスパイスを入れ、沸騰するまで煮出す。
2 1を弱火にしてBを加え、茶葉が開いたら火を止めて三温糖を入れて溶かし、冷めるまでそのまま常温に置いておく。
3 2を漉す。茶葉を押して絞り切る。

日向夏フォンダンウォーター

【材料（約1000g）】
水……1000g
日向夏……1個

【作り方】
1 水に半月のスライスに切った日向夏を入れ一晩つける。

仕上げ

【材料(1杯分)】
鶯鶯スパイスシロップ……30g
日向夏フォンダンウォーター……30g
クラッシュアイス……適量
日向夏のカルチェ……適量　※カルチェは、皮を除いてオレンジの実をひと房ずつ切り分けたもの。

【作り方】
1　グラスにクラッシュした氷を8分目まで入れる。
2　シロップと、日向夏フォンダンウォーターを同じ割合で入れ、日向夏のカルチェを絞って入れる。

Menu.4_Pairing 2

チュンチョムース

P.098

ムースショコラ

【材料(20個分)】
FARM to BAR ショコラ チュンチョ……276g
パータボンブ※……294g
生クリーム(脂肪分35％)……478g

【作り方】
1　生クリームを立て少量取り、ショコラを溶かして合わせる。
2　1とパータボンブを合わせる。
3　2に残りの生クリームを入れ、合わせていく。

パータボンブ※

【材料】
卵黄……120g
全卵……50g
グラニュー糖……90g
水……60g

【作り方】
1　卵類(卵黄・全卵)にグラニュー糖と水を加える。
2　1を湯煎にかけて温めながら泡立てていく。
3　空気を含み、卵に火が入った状態でクリーム状にする。
4　湯煎から外し、冷めるまでしっかりクリームを混ぜて、立ち上げる。

バナナソテー

【材料(20個分)】
完熟したバナナ……143g
カソナード……9g
無塩バター……9g
VSOP(ブランデー)……2g
レモン・ゼスト……適量

【作り方】
1　完熟したバナナを大きめのさいの目にカットする。
2　鍋にバターを入れて溶かし、カソナードを入れてキャラメル色にする。
3　2にバナナを入れて軽くソテーする。
4　VSOPを入れてフランベする。
5　粗熱が取れたらレモン・ゼストを入れ、軽く合わせる。

ガナッシュモンテ

【材料(20個分)】
FARM to BAR ショコラ チュンチョ……45.6g
牛乳……54g
水飴……6g
転化糖……6g
ハスク水(チュンチョ)※……108g

【作り方】
1　鍋に牛乳、水飴、ハスク水を入れ温める。
2　ボールに溶かしたショコラ、転化糖を入れる。
3　1と2を合わせ乳化させる。

ハスク水※

【材料】
水……195g
カカオハスク(FARM to BAR ショコラ チュンチョ)……20.8g

【作り方】
1　鍋に水を入れて沸かし、ハスクを入れてアンフィゼする(3分半ほど)。
2　1を濾し、抽出液を使用する。

グラッサージュ チュンチョ

【材料(20個分)】
生クリーム(脂肪分35%)……532g
水飴……266.8g
トレハロース……400g
粉ゼラチン……20g
水……200g
FARM to BAR ショコラ チュンチョ……306.4g
ミロワール……1173.2g
コンデンスミルク……333.2g

【作り方】
1　鍋に生クリームと水飴を入れて火にかける。
2　ふつふつしてきたらトレハロース、粉ゼラチン、水を入れる。
3　ボウルにショコラを入れ2と合わせる。
4　乳化したらミロワール、コンデンスミルクと合わせる。

ジェノワーズショコラ

【材料(20個分)】
全卵……413g
グラニュー糖……219g
水飴……22g
薄力粉……165g
ココアパウダー……36g
無塩バター……44g

【作り方】
1　ボウルに全卵、グラニュー糖、水飴を入れて混ぜる。
2　薄力粉、ココアパウダーを一緒にふるう。
3　1を湯煎にかけて、よく混ぜる。
4　40℃ほどになったら湯煎から外し、ミキサーに入れて高速で混ぜる。
5　かさが増えてもったりし、リボン状に落ちてきたら低速で10分混ぜる。
6　ミキサーから下ろして2と合わせていく。
7　6に溶かしバターを入れ、合わせる。
8　ゆっくり生地を混ぜ合わせ、長方形の型(570×370mm)に入れる。
9　170℃のオーブンで40分焼成する。
10　粗熱が取れたら5mm厚さにスライスする。

モンタージュ

【飾り】
金箔……適量

1　センターを作る。直径3.5センチのシリコン型にバナナソテーを入れて冷やし固める。上にガナッシュを絞り、冷やし固める。
2　シリコン(球型)の6割程度まで、ムースショコラを入れ、1のセンターを入れる。
3　9割ほどまでムースショコラを入れ、ジェノワーズショコラで蓋をする。冷凍をして固める。
4　網の上に冷凍したムースショコラを並べ、グラッサージュ チュンチョをかける。
5　アシェットに並べ、最後に金箔を飾る。

Menu.4_Pairing 2

ピーチローズ ウーロン

P.100

ピーチオレンジソース

【材料(仕上がり1100g)】
白桃・ピューレ……1000g
オレンジ果汁……200g
グラニュー糖……350g
レモン・ピューレ……70g

【作り方】
1　白桃・ピューレを漉し網と晒しで濾す。(半量になる)
2　オレンジをスクイーザーで絞る。
3　鍋に1、2、グラニュー糖、レモン・ピューレの半量を入れ中火にかけてグラニュー糖が溶けるまで煮溶かす。
4　3のグラニュー糖が溶けたら氷水に当てて冷やし、残りのレモン・ピューレを入れて混ぜる。

仕上げ

【材料(1杯分)】
シナモンカシア……0.5g
カルダモン……3粒
ローズ烏龍茶葉……2.5g
白桃烏龍茶葉……0.5g
オレンジピール……1.5g
沸騰した湯……80g
氷……30g
タヒンスパイス……少々
タイレモン(スノースタイル用)……適量
ピーチオレンジソース……20g

【作り方】
1　茶器に、シナモンカシア、カルダモンを砕きながら入れ、

ローズ烏龍茶葉、白桃烏龍茶葉、オレンジピールを入れて湯をそそぎ蓋をして4分蒸らす。
2 容器に氷を入れ*1*をそそぐ。
3 グラスの淵の半分にタイレモンを何度か塗りタヒンスパイスをまぶす。
4 *3*にピーチオレンジソース、*2*をそそぐ。

Menu.5_Pairing 1
ムラングシャンティ アプリコット

P.106

ジョコンド（アーモンド生地）

【材料（20個分）】
マジパン……22g
全卵……9g
卵黄……9g
グラニュー糖（A）……2.2g
卵白……14.6g
安定剤（イナゲル）……0.5g
グラニュー糖（B）……7.2g
薄力粉……4.4g
無塩バター……2.8g
牛乳……3.2g

【下準備】
1 全卵、卵黄、グラニュー糖（A）2.2g、を合わせておく。

【作り方】
1 マジパンを電子レンジで柔らかくなるまで、ミキサーボールに**下準備*1***を少しずつ入れペースト状にする。
2 *1*を湯煎で30℃まで温め、白っぽくなりボリュームが出るまで泡立てる。
3 グラニュー糖（B）7.2gと安定剤をすり合わせる。
4 卵白に少しずつ*3*を入れ、少し角が立つくらい混ぜる。

Menu.5_Welcome drink
八宝茶

P.105

アプリコットジンジャーシロップ

【材料（仕上がり約900g）】
生姜汁……200g
三温糖……100g
甘酒（ノンアルコール）……400g
アプリコットコンフィ……200g

【作り方】
1 鍋に生姜汁と三温糖を入れて溶かして冷ます。
2 *1*と甘酒、アプリコットコンフィをブレンダーに入れて滑らかになるまで混ぜ合わせる。

仕上げ

【材料（1杯分）】
菊花……3g
クコの実……10g
トランペドライ柚子……5g
シナモン……1本
ココナッツロング……3g
湯……250g
アプリコットジンジャーシロップ……適量

【作り方】
1 全ての材料をティーポットに入れて湯を注ぐ。
2 1分程蒸らして濾す。
3 アプリコットジンジャーシロップをお好みの量を入れる。

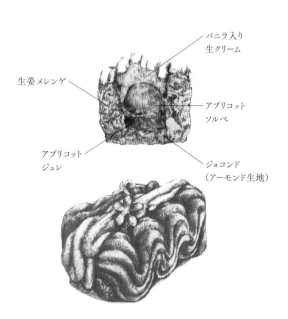

バニラ入り生クリーム
生姜メレンゲ
アプリコットソルベ
アプリコットジュレ
ジョコンド（アーモンド生地）

5 *2*に*4*の1/3を入れて混ぜる。

6 ふるった薄力粉を少しずつ入れ、混ぜ合わせる。

7 バターと牛乳に*6*の一部を入れて混ぜ合わせる。

8 *6*と残りの*4*を混ぜ合わせる。

9 混ざったら、*7*を少しずつ入れ、混ぜる。

10 鉄板37×7cmで生地を伸ばす。

11 180℃のオーブンで4分焼成する。一度色を確認し、キツネ色になるまで追加で焼く。

アプリコットソルベ
——

【材料(20個分)】

シロップ……164g
　水……120g
　グラニュー糖……36g
　転化糖……36g
　安定剤(フルッタネーヴェ)……0.6g
アプリコット・ピューレ……190g
水……24g
レモン果汁……180g

【作り方】

1 シロップを作る。グラニュー糖と安定剤をすり合わせ、鍋に入れる。水、転化糖を加えて沸かしてシロップを作る。

2 アプリコット・ピューレ、*1*のシロップ164g、水、レモン果汁をすべてアイスクリームマシーンに入れソルベを作る。

3 できたてのソルベを丸口金14番で棒状に絞り、冷やし固める。

アプリコットジュレ
——

【材料(20個分)】

コンフィアブリコ……132g
アプリコット・ピューレ……324g
アガー……40g
グラニュー糖……8g

【作り方】

1 アガー、グラニュー糖をすり合わせておく。

2 コンフィアブリコ、アプリコット・ピューレを鍋に入れ温める。

3 *2*が沸騰したらグラニュー糖類を入れもうひと煮立ちさせる。

4 高さ1cm、37×7cm枠に流し、冷やし固める。

生姜メレンゲ
——

【材料(20個分)】

卵白……254g

グラニュー糖(A)……42g
コーンスターチ……24g
グラニュー糖(B)……210g
スキムミルク……4g
生姜パウダー……0.8g

【下準備】

1 コーンスターチ、グラニュー糖(B)、スキムミルク、生姜パウダーをふるっておく。

【作り方】

1 卵白を立ててメレンゲにする。

2 *1*にグラニュー糖(A)を少しずつ加えて、メレンゲを立てる。

3 メレンゲが立ったら下準備をした粉類を加え、サックリと混ぜ合わせる。

4 鉄板にベーキングペーパーをひき、*3*を星金口12番で4x7cmの枠内に、波の形に絞る。

5 90℃のオーブンで4時間焼成する。

バニラ入り生クリーム
——

【材料(20個分)】

生クリーム(脂肪分47%)……146g
生クリーム(脂肪分35%)……146g
バニラペースト……1.8g

【作り方】

1 全ての材料をボウルに入れて、ボウルを氷水に当てながらホイッパーで混ぜ、絞れる硬さになるまで立てる(8分立て)。

アプリコットソース
——

【材料(20個分)】

アプリコット・ピューレ……21g
グラニュー糖……10g
PGペクチン……1.32g

【作り方】

1 ペクチンとグラニュー糖をすり合わせる。

2 鍋にピューレを温め、沸騰したら*1*を加え、再度沸騰したら氷水で冷やす。

モンタージュ
——

【飾り】

ペンタス(白)……適量

1 ジョコンドを1.5x6cmに切る。

2 アプリコットジュレを1.5×6cmに切って、ジョコンドの上に乗せる。

3 アプリコットソルベを6cmに切ってジュレの上に乗せる。

4 *3*を生姜メレンゲで挟む。
5 バニラ入り生クリームをアプリコットソルベ、アプリコットジュレを隠すようにモンブランの口金で絞る。
6 ペンタス（白）を飾る。
7 アプリコットソースを飾る。

Menu.5_Pairing 2

シュープリーズ・ナティーボ

P.110

Menu.5_Pairing 1

楊枝甘露
（ヤンジーガンルー）

P.108

ココナッツマンゴースムージー

【材料（仕上がり約20杯分）】
冷凍マンゴーカット……900g
ココナッツ・ピューレ……600g
ココナッツウオーター……600g
【作り方】
1 全ての材料をブレンダーに入れ、滑らかなスムージーに仕上げる。

グレープフルーツチアシード

【材料（仕上がり約20杯分）】
チアシード（ホワイト）……5g
100% グレープフルーツ……500g
【作り方】
1 全ての材料を合わせて12時間程置いて戻す。

仕上げ

【材料（1杯分）】
ココナッツマンゴースムージー……80g
グレープフルーツチアシード……25g
【作り方】
1 グラスにグレープフルーツチアシードを入れ、その上にスムージーを注ぐ。

クランブル

【材料（20個分）】
無塩バター……22.5g
カソナード……22.5g
アーモンドプードル……22.5g
薄力粉……22.5g
【作り方】
1 バターにカソナード、アーモンドプードル、薄力粉の順に加え、ミキサーで混ぜる。
2 *1*を1cmの厚さに伸ばし、冷蔵庫で冷やし固める。
3 *2*を1cm角にカットし、冷凍庫で冷やし固める。
4 *3*をシルパンを敷いた鉄板に間隔を開け並べ、145℃のオーブンで15分焼成する。

アーモンド風味の生地

【材料（20個分）】
全卵……95g
アーモンドプードル……85.5g
粉糖……85.5g
卵白……70g
グラニュー糖……35.5g
乾燥卵白……5g

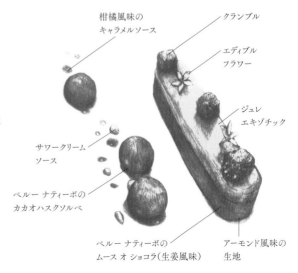

181

無塩バター……17g
薄力粉……19.5g

【作り方】

1 アーモンドプードルと粉糖をふるい、40℃の湯煎で温めた全卵と合わせてミキサーで立てていく。

2 グラニュー糖と乾燥卵白を擦り合わせ、さらに卵白と合わせ、ミキサーで柔らかいメレンゲを作る。

3 バターを60℃に温め、薄力粉はふるっておく。

4 1を大きめのボウルに出し、メレンゲの一部を加えて馴染ませてから、バター、薄力粉の順に加え、最後に残りのメレンゲを2〜3回に分けて加えて混ぜる。

5 4を30×40cmの鉄板に伸ばし、160℃のオーブンで10〜12分焼成する。

サワークリームソース

【材料(20個分)】

サワークリーム……50g
グラニュー糖……5g

【作り方】

1 サワークリームにグラニュー糖を混ぜ合わせる。

柑橘風味のキャラメルソース

【材料(20個分)】

グラニュー糖……20g
水飴……5g
生クリーム(脂肪分35%)……15g
オレンジアメール・ピューレ……5g
マングエピセ・ピューレ……5g

【作り方】

1 生クリームと水飴、2種類のピューレを片手鍋で別々に約40℃になるまで温める。

2 また別の片手鍋にグラニュー糖を入れ、淡いきつね色になるまで満遍なく火をあてながらキャラメルを作っていく。

3 2に1の材料を2〜3回に分けて加え、再沸騰させたら漉して冷やす。

ペルー ナティーボのカカオハスクソルベ

【材料(20個分)】

カカオハスク抽出水……385g
　　水……500g
　　カカオハスク(FARM to BAR ショコラ ペルー ナティーボ)
　　……50g
グラニュー糖……38.5
トレハロース……38.5

安定剤(フルッタネーヴェ)……9g(vidfix 使用)

【作り方】

1 片手鍋で水を沸かし、ティーパックに入れたカカオハスクを加える。ラップで蓋をし10分アンフュゼする。

2 1を漉し冷やす。

3 グラニュー糖、トレハロース、安定剤を擦り合わせる。

4 2の385gを3に加え、しっかり混ぜ容器に移し冷凍庫でしっかり冷やし固める。

5 4をアイスクリームマシーンにかけてシャーベット状にする。

6 5を球状の型に絞り入れて、冷やし固める。

ジュレエキゾチック

【材料(20個分)】

ペースト……65g
　　オレンジ……0.5玉
　　水……適量
　　グラニュー糖……適量
バパマング・ピューレ……200g
オレンジアメール・ピューレ……100g
グラニュー糖……30g
板ゼラチン……5g

【作り方】

1 オレンジを2〜3mm厚さのいちょう切りにする。

2 1が2mm程浸かるくらいの水を加え、片手鍋で火にかける。

3 2を簡単に切れるくらいに煮込んでいく。(途中で水分が足りなくなったらその都度足して調整する)

4 3をハンドブレンダーにかけて粗いミンチ状にする。

5 4の重さを計り、総量の1/2のグラニュー糖を加え片手鍋で再沸騰させる。

6 5を65gとピューレ2種を混ぜる。

7 6の一部とグラニュー糖をボウルで50℃に温め、水で戻したゼラチンと合わせる。

8 6の残りと7を合わせてエクレア型に20gずつ流し、冷凍庫で固める。

ペルー ナティーボのムース オ ショコラ(生姜風味)

【材料(20個分)】

生クリーム(脂肪分35%)(A)……120g
水飴……46.2g
生姜……11.2g
FARM to BAR ショコラ ペルー ナティーボ……130g
生クリーム(脂肪分35%)(B)……153.2g

【作り方】

1 生クリーム(A)、水飴、すりおろした生姜を片手鍋に合わせ、60℃に温める。

2 1をボウルで40℃に溶かしたショコラに加え、乳化させる。
3 生クリーム(B)を6分立てにし、2に加えて混ぜる。
4 3をジュレエキゾチックの入った型に40g流す。その上に型で抜いたアーモンド風味の生地を乗せ、綺麗に整えて冷凍庫で冷やし固める。

モンタージュ

【飾り】
ナパージュ……適量
エディブルフラワー……適量

1 型から抜いたムースを生地が下になるように皿に置く。ジュレの表面にナパージュを塗り、クランブルとエディブルフラワーで飾り、皿に盛り付ける。
2 キャラメルソース、サワークリームソースをドット状に絞る。
3 ソルベを飾る。

Menu.5_Pairing 2

フローラルカフェ

P.112

ハーバルジャスミンティー

【材料(仕上がり300g)】
ジャスミン茶葉……12g
茉莉花……4g
カモミール……6g
水……400g
グラニュー糖……100g

【作り方】
1 鍋に全ての材料を入れて火にかけ、沸騰したら中火で4分煮詰めて漉す。
2 急速に冷やす。

仕上げ

【材料(1杯分)】
エスプレッソ……15g
ハーバルジャスミンティー……30g
水……90g

【作り方】
1 全ての材料をニトロコールドブリューコーヒーメーカーに注ぐ。
2 窒素ガスを充填する。
※ニトロコールドブリューコーヒーメーカー使用。

Menu.6_ Welcome Drink

もモヒート

P.115

白桃ソース

【材料(仕上がり約30杯分)】
レモン・ピューレ……50g
白桃・ピューレ……500g
グラニュー糖……250g

【作り方】
1 鍋に白桃・ピューレとグラニュー糖を入れて溶かし、レモン・ピューレを混ぜて冷やす。

バニラシナモンソーダ

【材料(作りやすい分量)】
炭酸……500g
バニラペースト……少々
シナモン スティック……1本

【作り方】
1 炭酸のボトルにバニラペーストとシナモンを入れてしっかり蓋をし、3時間程冷蔵庫において香りをうつす。

仕上げ

【材料(1杯分)】
白桃ソース……25g
バニラシナモンソーダ…… 75g
トッピング
　スペアミントのみじん切り……1つまみ

【作り方】
1 グラスに白桃ソースとバニラシナモンソーダを注ぎステアする。
2 1にスペアミントをふる。

Menu.6_Pairing 1

ヌーベル・オランジュ・デテ

P.116

パッション・メレンゲ

【材料(20個分)】
乾燥卵白……12g
パッション・ピューレ……72g
水……36g
グラニュー糖……54g
トレハロース……12g
コーンスターチ……12g

【作り方】
1. ボウルに乾燥卵白とパッション・ピューレ、水を合わせてグラニュー糖とトレハロースを数回に分けて入れ、メレンゲを泡立てる。
2. 1にコーンスターチをしっかり混ぜ合わせ、直径5cmの半球フレキシパンの形になるように薄くすり込み、90℃のオーブンで2時間程度乾燥焼きする。

ガナッシュ・ブランコ(ホワイトカカオのクリーム)

【材料(1個分8g)】
牛乳……100g
コーンスターチ……3g
ゼラチンマス※……2g
ショコラ・ブランコ……56g
生クリーム(脂肪分35%)……40g
〈※ゼラチンマスを作る〉
板ゼラチンシルバー120gを水80gでふやかす。

【作り方】
1. 鍋に牛乳とコーンスターチを混ぜ合わせて沸かし、ゼラチンマスを加える。
2. ボウルにショコラ・ブランコを湯煎で溶かし、1を注ぎ入れてガナッシュを作る。
3. 2に生クリームを混ぜ合わせ、一晩寝かせる。
4. 8分立てに泡立てて使用する。

オレンジコンポート

【材料(20個分)】
オレンジ……3玉
ニューサマーオレンジ・ピューレ……200g
水……200g
グラニュー糖……175g
トレハロース……100g
ソミュール……25g

【作り方】
1. 鍋にニューサマーオレンジ・ピューレ、水、グラニュー糖、トレハロースを入れて沸騰させ、粗熱が取れたらソミュールを加えてシロップを作る。
2. 1にカルチェした(オレンジの果肉を房から取る)オレンジを一晩漬け込む。
3. 次の日にシロップをきったオレンジを、140℃のオーブンで15分程焼いて乾かす。

ニューサマーオレンジのジュレ

【材料(20個分)】
オレンジ……50g
ニューサマーオレンジ・ピューレ……100g
グラニュー糖(A)……75g
PGペクチン……4g
グラニュー糖(B)……37.5g

【作り方】
1. 鍋にオレンジ、ニューサマーオレンジ・ピューレ、グラニュー糖(A)を入れて沸騰させる。
2. ペクチンとグラニュー糖(B)をすり混ぜ、1に加えて再び沸騰させる。

図中ラベル:
- ニューサマーオレンジのジュレ
- オレンジ・ゼスト
- ヘーゼルナッツ
- ミント
- イタリアン・メレンゲ
- パッション・メレンゲ(器)
- オレンジコンポート
- パンプルムースロゼのコンフィチュール
- グラス・アマンド(シュトロイゼル入り)
- チュイール
- ニューサマーオレンジ・ソース
- ガナッシュ・ブランコ(ホワイトカカオのクリーム)

ニューサマーオレンジ・ソース

【材料（20個分）】
ジュレ・ニューサマーオレンジ……150g
ニューサマーオレンジ・ピューレ……50g
ハチミツ……20g
ライム果汁……2g
ライム・ゼスト……0.2g
【作り方】
1 全ての材料を混ぜ合わせる。

パンプルムースロゼのコンフィチュール

【材料（20個分）】
パンプルムースロゼ……62.5g
洋梨……18.7g
グラニュー糖……37.5g
ペクチンNH……1.8g
パンプルムースロゼ・ゼスト……0.9g
【作り方】
1 洋梨をピューレ状にする。グラニュー糖とペクチンはすり混ぜる。
2 鍋に洋梨のピューレとパンプルムースロゼ（ピンクグレープフルーツ）を入れて沸かし、*1*のグラニュー糖とペクチンを加えて沸騰させる。
3 *2*の粗熱が取れたら、パンプルムースロゼ・ゼストを加える。

グラス・アマンド

【材料（20個分）】
牛乳……135g
アーモンドミルクピューレ……120g
生クリーム（脂肪分35%）……36g
エバクリーム（濃縮ミルク）……120g
トレハロース……37.5g
グラニュー糖……37.5g
バニラビーンズ……0.3本
練乳……22.5g
安定剤（パンナネーヴェ）……2.3g
アマレットリキュール……4.5g
ゼラチンマス（ゼラチンと水が1：4）……25.5g
【作り方】
1 鍋にすべての材料を入れて沸かし、バニラを10分アンフュゼする。
2 *1*の粗熱が取れたらアマレットリキュールとゼラチンマスを加えて、アイスクリームメーカーにかける。

シュトロイゼル

【材料（20個（1個あたり5g）分）】
無塩バター……100g
アーモンドプードル……100g
グラニュー糖……50g
カソナード……50g
薄力粉……50g
強力粉……50g
【作り方】
1 全ての材料を混ぜ合わせ、5mmのメッシュで濾す。
2 150℃のオーブンで20分程度焼成する。

イタリアン・メレンゲ

【材料（1個分15g）】
卵白……80g
トレハロース……106g
グラニュー糖……54g
水……54g
【作り方】
1 トレハロースとグラニュー糖と水を115℃まで煮詰める。
2 ボウルに卵白を入れ、ゆっくり*1*を注ぎ入れてメレンゲを作る。

チュイール

【材料（20個分）】
ハチミツ……120g
卵白……120g
薄力粉……100g
無塩バター……100g
【作り方】
1 ボウルに全ての材料を混ぜ合わせる。
2 シリコン型に刷り込み、150℃のオーブンで10分程度焼成する。

モンタージュ

【飾り】
ミント……適量
オレンジ・ゼスト……適量
ヘーゼルナッツ……適量

1 皿にニューサマーオレンジ・ソースを流し、上にチュイールを置き、中心にガナッシュ・ブランコを絞ってパッション・メレンゲをのせる。
2 *1*に下からパンプルムースロゼのコンフィチュール、ガナッシュ・ブランコ、シュトロイゼル、グラス・アマンドの順で、

重ねる。
3 2の上にイタリアン・メレンゲを絞り、表面を軽くバーナーで炙り、オレンジコンポートとニューサマーオレンジのジュレとミント、オレンジ・ゼストと刻んだヘーゼルナッツを飾って仕上げる。

Menu.6_Pairing 1

楊貴妃の果実茶

P.118

桂花ライチ烏龍茶ブレンド

【材料（仕上がり500g）】
桂花烏龍茶葉……25g
桂花（キンモクセイ）……5g
ライチ烏龍茶葉……20g
水……500g
グラニュー糖……200g

【作り方】
1 桂花烏龍茶葉、桂花、ライチ烏龍茶葉を水と合わせて沸騰させ、4分蒸らして濾す。
2 1にグラニュー糖を入れ、溶かして冷ます。

仕上げ

【材料（1杯分）】
桂花ライチ烏龍茶ブレンド……60g
ライチのみじん切り……20g
グレープフルーツジュース（100%）……40g

【作り方】
1 ライチは皮をむき、種を抜いてみじん切りにする。
2 全ての材料を合わせる。

Menu.6_Pairing 2

カカオ・ブラン

P.120

ビスキュイ・カカオ

【材料（1枚分）】
卵黄……140.8g
グラニュー糖（A）……42.6g
卵白……152g
グラニュー糖（B）……101.8g
薄力粉……29.4g
コーンスターチ……29.4g
ココアパウダー……32g
無塩バター……66.6g

【作り方】
1 卵黄とグラニュー糖（A）を入れてミキサービーターで泡立てる。
2 卵白とグラニュー糖（B）でメレンゲを泡立てる。
3 1と2、ふるっておいた薄力粉とコーンスターチ、ココアパウダーをさっくりと混ぜ合わせる。
4 バターを50℃に溶かして3に加えて流し、180℃のオーブンで12分程度、焼成する。

ムース・ショコラ・ブランコ

【材料（20個分）】
生クリーム（脂肪分47%）……53.5g
生クリーム（脂肪分35%）……28.2g

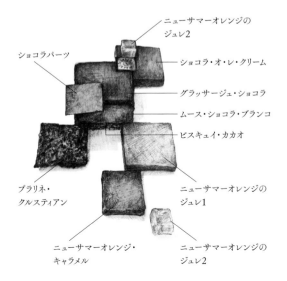

牛乳……82.3g

加糖卵黄(20%)……82.3g

グラニュー糖……20.6g

ショコラ・ブランコ(70%)……236.6g

クレーム・フェッテ(35%)……329.1g

【作り方】

1 鍋に生クリーム2種、牛乳、加糖卵黄、グラニュー糖を入れて混ぜ、82℃に煮上げてクレーム・アングレーズを作り、濾す。

2 ボウルにショコラ・ブランコを溶かし、1を注ぎ入れてガナッシュを作り、バーミックスで滑らかにし、45℃に調整する。

3 7分立てに泡立てたクレーム・フェッテと2を混ぜ合わせ、ビスキュイ・カカオの上に流し、冷凍庫で冷やし固め、5cm角にカットする。

グラサージュ・ショコラ

【材料(20個分)】

グラニュー糖……165g

水……123g

生クリーム(脂肪分35%)……40g

牛乳……40g

水飴……30g

トレハロース……145g

コンデンスミルク……37g

ゼラチンマス……70g

ショコラノワール(55%)……250g

ミロワールヌートル……100g

【作り方】

1 グラニュー糖、水、生クリーム、牛乳、水飴を沸かす。

2 1にトレハロースとコンデンスミルクとゼラチンマスを混ぜ合わせる。

3 2にショコラノワールとミロワールヌートルを混ぜ合わせ、バーミックスで滑らかにし、35℃に調整する。

ニューサマーオレンジ・キャラメル

【材料(20個分)】

生クリーム(脂肪分35%)……40g

生クリーム(脂肪分47%)……20g

グラニュー糖……93.3g

ニューサマーオレンジ・ピューレ……30g

コンデンスミルク……50g

ゲランドの塩……0.3g

ルカンテンウルトラ……6.4g

無塩バター……60g

【作り方】

1 生クリーム2種とグラニュー糖を合わせてキャラメルを作る。

2 1にニューサマーオレンジ・ピューレとコンデンスミルク、ゲランドの塩、ルカンテンウルトラを混ぜ合わせ、80℃で2分程度混ぜ合わせる。

3 2にバターを加えてハンドブレンダーでなめらかにし、熱い状態で高さ1cmになるようにバットに流し、冷蔵庫で固める。固まったら3cm角にカットする。

ニューサマーオレンジのジュレ1

【材料(20個分)】

オレンジ……36g

ニューサマーオレンジ・ピューレ……54.2g

水……54.2g

トレハロース……4.5g

グラニュー糖……13,5g

転化糖……6.8g

ゼラチンマス……25.2g

ソミュール……7.2g

【作り方】

1 オレンジ、ニューサマーオレンジ・ピューレ、水、トレハロース、グラニュー糖、転化糖を合わせ、50℃まで温め、ゼラチンマスを加える。

2 1の粗熱が取れたら、ソミュールを加えて、冷蔵庫で冷やし固め、4cm角にカットする。

ニューサマーオレンジのジュレ2

【材料(20個分)】

ニューサマーオレンジ・ピューレ……100g

水……150g

ジェランガム……4.3g

グラニュー糖……20g

【作り方】

1 全ての材料を冷たい状態で混ぜ合わせ、沸騰させた状態で1分間加熱する。

2 1をバットに高さ0.5cmになるように流し、冷めたら1cm角にカットする。

プラリネ・クルスティアン

【材料(20個分)】

クーベルチュール・ノワール(カカオ分66%)……113.7g

プラリネ・ノワゼット・ペースト……51.7g

ロースト・ノワゼット・ペースト……51.7g

シュトロイゼル(ヌーベル・オランジュ・デテ参照)……232.3g

フィヤンティーヌ……113.7g

【作り方】
1 全ての材料を混ぜ合わせ、バットに高さ0.5cmになるように流して冷蔵庫で冷やし固める。
2 固まったら、3.5cm角にカットする。

ショコラ・オ・レ・クリーム

【材料（20個分）】
牛乳……55.6g
生クリーム（脂肪分35％）……55.6g
オレンジ・ゼスト……0.3g
加糖卵黄（20％）……27.8g
グラニュー糖……5.6g
ゼラチンマス……6.9g
ジヴァラ・ラクテ……138.9g
ニューサマーオレンジ・ピューレ……138.9g
転化糖……27.8g

【作り方】
1 牛乳と生クリームを沸かし、オレンジ・ゼストを10分間アンフュゼ※する。
2 1、加糖卵黄、グラニュー糖を82℃までクレーム・アングレーズを煮上げて、濾す。
3 2にゼラチンマスを加え、溶かしておいたジヴァラ・ラクテ（ミルクチョコレート）に注ぎ入れ、混ぜ合わせる。
4 ニューサマーオレンジ・ピューレと転化糖を45℃に温めで3に加え、ハンドブレンダーで滑らかにし、高さ1cmになるように流し、冷凍庫で冷やし固める。固まったら4.5cm角でカットする。
※アンフュゼ……香りを移すこと。

モンタージュ

【飾り】
ショコラパーツ……適量
1 各パーツをそれぞれカットし、ショコラパーツとともに皿に盛り付ける。

Menu.6_Pairing 2

チリカフェ

P.122

チリシロップ

【材料（仕上がり360g）】
唐辛子……4本（2.72g）
シナモンカッシャ（ホール）……8g
カルダモン……24個（6.4g）
クローブ……12個（1.28g）
だしパック（大）……1枚
水……350mℓ
グラニュー糖……180g

【作り方】
1 全ての材料を鍋に入れて5分煮出し、常温になるまで冷ます。
2 1を濾し、出がらしは出汁パックに詰め替える。
3 鍋に2と同量のグラニュー糖を入れて煮溶かす。
4 シロップが出来上がったら、だしパックを入れて保存。

仕上げ

【材料（1杯分）】
エスプレッソ……20g
チリシロップ……10g
牛乳……90g

【作り方】
1 すべての材料を合わせる。

Menu.6_Pairing 3

スティル・ジャポネ

P.124

ガナッシュモンテ・カカオ・ブランコ

【材料（20個分）】
牛乳……312.5g
コーンスターチ……9.375g
ゼラチンマス……6.25g

ショコラ・ブランコ……175g
生クリーム（脂肪分35%）……125g
【作り方】
1　牛乳とコーンスターチを混ぜ合わせて沸かし、ゼラチンマス加える。
2　ショコラ・ブランコを湯煎で溶かし、1を注ぎ入れ、ガナッシュを作る。
3　2に生クリームを混ぜ合わせ、一晩冷蔵庫で寝かせてから、泡立てて使用する。

ニューサマーオレンジのジュレ（マンゴー果肉入り）

【材料（20個（1個あたり15g）分）】
オレンジ果汁……32g
ニューサマーオレンジ・ピューレ……20g
マンゴー・ピューレ……39g
水……192g
グラニュー糖……20g
トレハロース……7g
イナアガー……3g
パッション・リキュール……2g
【作り方】
1　オレンジ果汁、ニューサマーオレンジ・ピューレ、マンゴー・ピューレ、水、グラニュー糖を沸かす。
2　トレハロースとイナアガーをすり混ぜて1に加え、再び沸騰させる。
3　粗熱が取れたらパッションリキュールを加える。

ニューサマーオレンジのパルフェ

【材料（20個（1個あたり20g）分）】
卵白……84g
グラニュー糖……84g
トレハロース……62g

生クリーム（脂肪分35%）……50g
生クリーム（脂肪分47%）……50g
ニューサマーオレンジ・ピューレ……40g
オレンジ・ゼスト……8g
マスカルポーネ……70g
安定剤（イナゲル）……8g
【作り方】
1　卵白、グラニュー糖、トレハロース、生クリーム2種、ニューサマーオレンジ・ピューレ、オレンジ・ゼスト、安定剤を合わせ、70℃まで加熱し10分アンフュゼする。
2　1にマスカルポーネを加えて混ぜ、マスカルポーネがダマにならない様に混ぜ合わせ、アイスクリームマシーンにかける。

マンゴーのジュレ

【材料（20個（1個あたり5g）分）】
水……49g
生クリーム（脂肪分35%）……6g
生クリーム（脂肪分47%）……6g
安定剤（イナゲル）……2.5g
グラニュー糖……15g
マンゴー・ピューレ……29g
【作り方】
1　全ての材料を混ぜ合わせて沸騰させ、高さが1cmになるように流して、冷蔵庫で固める。
2　1cm角にカットする。

わらびもち

【材料（20個（1個あたり10g）分）】
水……170g
和三盆……27.2g
トレハロース……10.6g
タピオカスターチ……17.9g
【作り方】
1　すべてを混ぜ合わせ、透明になるまで練る。
2　球体のシリコン型に絞り入れ、冷凍庫で固める。

黒蜜のジュレ

【材料（20個（1個あたり10g）分）】
黒蜜……79.2g
水……30.8g
タピオカスターチ……3.9g
【作り方】
1　すべて混ぜ合わせて透明になるまで練り、冷蔵庫で冷やす。

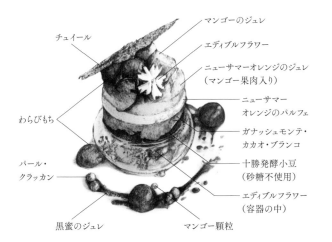

チュイール

【材料（20個（1個あたり10g）分）】

グラニュー糖……46.7g
トレハロース……12.4g
ペクチンPG……1g
無塩バター……46.7g
水飴……18.7g
水……4.7g
ヘーゼルナッツ……70g

【作り方】

1 ヘーゼルナッツ以外のすべての材料を混ぜ合わせて沸かし、ヘーゼルナッツを刻んで加える。
2 鉄板に薄く平らにならし、170℃のオーブンで10分程度、焼成する。

モンタージュ

【追加材料】

十勝産発酵小豆（砂糖不使用）
　……600g（15g×20個分）
エディブルフラワー……適量
マンゴー顆粒……適量
パールクラッカン……適量

1 直径5.5cm高さ3.5cmのセルクルに十勝発酵小豆、ガナッシュモンテ・カカオ・ブランコ、ニューサマーオレンジのパルフェ、ニューサマーオレンジのジュレの順に絞り入れ、冷凍庫で冷やし固める。
2 1の上と皿にマンゴーのジュレ、わらびもち、黒蜜ジュレ、チュイール、エディブルフラワー、マンゴー顆粒、パールクラッカンを飾り付けて、仕上げる。

Menu.6_Pairing 3

パッション
フローラルティー

P.126

フローラルティー

【材料（仕上がり300g）】

ココナッツ烏龍茶葉……4g
ハイビスカス……4g
カモミール……2g
ジャスミン……2g

ローズペダル……1g
月桃……1g
ラベンダー……0.5g
ジェニパーベリー……0.5g
湯……300g
アガベ……50g
レモン……10g

【作り方】

1 鍋に全ての材料を入れて火にかけ、沸騰したら中火にして3分煮出す。
2 急速に冷やす。

パッションソース

【材料（仕上がり1300g）】

パッション・ピューレ……1000g
グラニュー糖……250g
レモン・ピューレ……50g

【作り方】

1 鍋にパッション・ピューレ、グラニュー糖、レモン・ピューレの半量を入れて中火にかけ、グラニュー糖が溶けるまで煮溶かす。
2 1のグラニュー糖が溶けたら氷水に当てて冷やし、残りのレモン・ピューレを入れて混ぜる。

仕上げ

【材料（1杯分）】

フローラルティー……90g
パッションソース……10g
パッションフルーツ（種あり）……3g
レモンスライス……1枚
ライムスライス……1枚

【作り方】

1 グラスにパッションフルーツ（種あり）、パッションソース、氷を入れ、レモンスライス、ライムスライスをグラスに飾りフローラティーを注ぐ。

Menu.7_ Welcome Drink

加賀梨葡萄烏龍茶

P.129

加賀梨ソース

【材料(仕上がり1300g)】
加賀梨(削実済)……1kg
グラニュー糖……250g
レモン・ピューレ……50g

【作り方】
1 加賀梨をコールドプレスジューサーで削実して、レモン・ピューレの半量を入れる。
2 鍋に1とグラニュー糖を入れて中火にかけ、グラニュー糖が溶けるまで煮溶かす。
3 2のグラニュー糖が溶けたら氷水に当てて冷やし、残りのレモン・ピューレを入れて混ぜる。

カベルネ・ソーヴィニョンソース

【材料(仕込み1300g)】
カベルネ・ソーヴィニョン・ピューレ・・・1000g
グラニュー糖・・・250g
レモン・ピューレ・・・50g

【作り方】
1 鍋にカベルネ・ソーヴィニョンピューレ、グラニュー糖、レモン・ピューレの半量を入れ中火にかけてグラニュー糖が溶けるまで煮溶かす。
2 1のグラニュー糖が溶けたら氷水に当てて冷やし、残りのレモンピューレを入れて混ぜる。

葡萄烏龍茶

【材料(仕込み600g)】
葡萄烏龍茶葉……12g
湯……400g
氷……200g

【作り方】
1 汲みたての水道水を沸騰させる。
2 容器に茶葉を入れ、沸騰したお湯を勢いよくそそぎ蓋をして5分間蒸らす。
3 2に氷を入れ氷が溶けたら濾す。
4 3を600gに加水(分量外)する。

仕上げ

【材料(1杯分)】
加賀梨・ソース……35g
カベルネ・ソーヴィニョン・ソース……5g
ベルガモット・ピューレ……5g
葡萄烏龍茶……70g

【作り方】
1 グラスに全ての材料を入れ混ぜ合わせる。

Menu.7_ Pairing 1

スフレパンケーキ
黒蜜姫とルビーロマンのコンフィ

P.130

スフレパンケーキ

【材料(40枚分・2枚／1皿)】
卵白……468g
グラニュー糖……126g
安定剤(イナゲル)……6g
卵黄……176g
牛乳……170g
バニラペースト……6g
コーンスターチ……47g
薄力粉……187g
ベーキングパウダー……15g

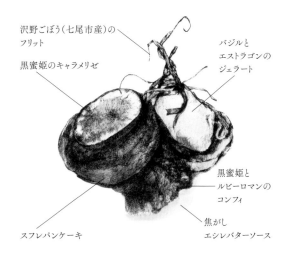

沢野ごぼう(七尾市産)のフリット
黒蜜姫のキャラメリゼ
バジルとエストラゴンのジェラート
黒蜜姫とルビーロマンのコンフィ
スフレパンケーキ
焦がしエシレバターソース

【作り方】

1 グラニュー糖の一部と安定剤を混ぜて、卵白に入れて泡立てる。残りのグラニュー糖を加えて、メレンゲを立てる。
2 卵黄、牛乳、バニラをボウルに入れて混ぜる。
3 コンスターチ、薄力粉、ベーキングパウダーをふるって、2に軽く混ぜる。
4 3に1のメレンゲを混ぜて、温めた170℃のグリルで両面を焼く。片面2分ほどで蓋をして焼く。

焦がしエシレバターソース

【材料(20個分・1人分25g)】
エシレバター……175g
ハチミツ……292g
太白胡麻油……117g

【作り方】

1 鍋にバターを入れて混ぜながら焦がしバターにし、裏ごしする。
2 1にハチミツ、太白胡麻油を加える。
3 温めて別添えで提供する。

ルビーロマン・コンフィチュール

【材料(20個分)】
ルビーロマン果肉……50g
レモン果汁……32g
グラニュー糖(A)……32g
ルビーロマン・ゼスト……25g
レモン……1/4個
レモン果汁……40g
グラニュー糖(B)……2g
トレハロース……6g
能登赤ワイン(ヤマソーヴィニョン)……23g
グルマンディーズフランボワーズ……3g
グラニュー糖(C)……70g
ペクチン……22g

【作り方】

1 ルビーロマンを半分に切って種を取り除き、実と皮に分ける。
2 ルビーロマンの実、レモン果汁、グラニュー糖(A)を鍋に入れ沸かす。
3 ルビーロマン・ゼスト、レモン、レモン果汁、グラニュー糖(B)、トレハロースを別の鍋に入れて沸かす、果汁の色が出たら2の実の方に漉しながら移す。
4 3にグラニュー糖(C)とペクチンをよく混ぜたものを加え、再加熱し少し炊く。
5 仕上げに赤ワインとグルマンディーズフランボワーズを

加え、冷却して使う。

黒蜜姫とルビーロマンのコンフィ

【材料(20個分・1人分20g)】
ルビーロマン・コンフィチュール……250g
黒イチジク(黒蜜姫)のコンカッセ……150g

【作り方】

1 材料全てを混ぜる。

バジルとエストラゴンのジェラート

〈A バジルとエストラゴンのグラス〉
【材料(20個分)】
牛乳……225g
生クリーム(脂肪分35%)……45g
フレッシュバジル……8g
フレッシュエストラゴン……1g
フレッシュヴェルヴェンヌ……1g
卵黄……40g
グラニュー糖……50g
水飴……10g
安定剤(フルッタネーヴェ)……0.2g
　　※カルピジャーニ社
レモン・ゼスト……0.4g

【作り方】

1 牛乳と生クリームを温め、卵黄と水飴、グラニュー糖、安定剤でアングレーズを炊く。
2 1を一晩冷却して、翌日、フレッシュのバジル、エストラゴン、ヴェルヴェンヌ、レモン・ゼストを入れハンドブレンダーをかけて乳化させ、粉砕する。
3 2をアイスクリームマシーンに入れて固める。

〈B ミルクジェラート〉
【材料(20個分)】
牛乳……470g
生クリーム(脂肪分35%)……80g
グラニュー糖……65g
トレハロース……40g
水飴……15g
スキムミルク……18g
安定剤(パンナネーヴェ※)……3.5g
　　※カルピジャーニ社

【作り方】

1 すべての材料を混ぜ合わせて加熱し、一晩冷却する。翌日、ハンドブレンダーをかけて乳化させ、アイスマシーンで固める。
2 1のBミルクジェラートとAバジルとエストラゴンのグラ

スを、交互に少しずつ保管容器に入れてマーブル状にし、冷凍庫で固めてから使用する。

沢野ごぼう（七尾市産）のフリット

【材料（20個分）】
沢野ごぼう……1/2本
【作り方】
1　ごぼうをスライサーで薄くスライスし、水でさらしてアクを抜く。
2　水分をきった1を油で揚げる。

黒蜜姫のキャラメリゼ

【材料（20個分・1人分2枚使用）】
黒イチジク（黒蜜姫）……10個（1個から4枚スライス）
カソナード……適量
【作り方】
1　黒イチジク（黒蜜姫）を1cm厚みでスライス（輪切り）でカットする。
2　カットした断面にカソナードを適量振りかけ、バーナーで表面がキャラメル状になるまで焼く。

モンタージュ

1　あらかじめ温めておいた皿に、焼きあがったスフレパンケーキを2枚のせる。
2　パンケーキの上に黒蜜姫のキャラメリゼを1枚ずつのせる。
3　バジルとエストラゴンのジェラートを丸いディッシャーで抜き、2枚のパンケーキの間にのせ、黒蜜姫とルビーロマンのコンフィをかける。
4　仕上げに、ジェラートの上に沢野ごぼうのフリットを飾り、粉糖（適量）を振る。
5　別容器（ミルクピッチャー等）に温めておいた焦がしエシレバターソースを添えて提供する。

Menu.7_Pairing 1

秋のフルーツと胡桃ミルク

P.132

胡桃トーストミルク

【材料（仕上がり5kg）】
胡桃……1.5kg（1900g:1.26倍に膨れる）
水（胡桃漬け込み用）……適量
水（食パン用）……5.7kg
食パン……1斤（焼いたあと 約500g）
【作り方】
1　食パンを香ばしく焼く。
2　1、3倍量の水を袋に詰めて真空にして一晩漬け込む。
3　胡桃、水を袋に詰めて真空にして一晩漬け込む。
4　胡桃に使っている水を捨ててブレンダーに入れ、3倍量の水を入れ撹拌する。
5　漉し網で漉してから、サラシで漉す。
6　ブレンダーに2、5を入れて攪拌し、漉し網で漉す。

柿＆カベルネソース

【材料（仕上がり500g）】
セミドライ柿……100g
水……100g
カベルネ・ソーヴィニヨン・ピューレ……300g
【作り方】
1　セミドライ柿、水を袋に詰めて真空にして一晩漬け込む。
2　ブレンダーに1、カベルネ・ソーヴィニヨン・ピューレを入れて攪拌し、ペースト状にする。

仕上げ

胡桃トーストミルク……90g
柿＆カベルネソース……30g
1　ブレンダーに全ての材料を入れ攪拌する。

Menu.7_Pairing 2

パルフェ・フィグ・ノアール

P.134

チャイのブランマンジェ

【材料(20個分・1人分30g)】
豆乳……268g
生クリーム(脂肪分45%)……268g
板ゼラチン……6.1g
グラニュー糖……53g
チャイ茶葉……3.9g
バニラビーンズ……2/3本

【作り方】
1. 鍋に豆乳、バニラ、チャイ茶葉、グラニュー糖を入れて加熱する。
2. 1を裏ごし、生クリームを加えて温める。
3. 2に水でふやかした板ゼラチンを加えて裏ごし、容器に流して冷蔵庫で固める。

黒蜜姫のコンフィチュール

【材料(20個分・1人分20g)】
黒イチジク(黒蜜姫)……780g
オレンジ・コンフィ……100g
赤ワイン……750g
グラニュー糖……180g
シナモンステック……1本
バニラビーンズ……1本
オレンジ・ゼスト……1個分
ベリオレット・ピューレ※……60g
　※キャップフリュイ社(木苺、ブルーベリー、すみれのブレンドされたピューレ)

【作り方】
1. 細かくカットした黒イチジク(黒蜜姫)、オレンジ・コンフィ、赤ワイン、グラニュー糖、シナモンステック、バニラビーンズ、オレンジ・ゼスト、ベリオレット・ピューレを混ぜて加熱し、BRIX55℃まで上げる。一晩、冷蔵庫で寝かす。
2. シナモンステックと、バニラのさやを取り除き、フードプロセッサーで粉砕する。

黒蜜姫のコンフィ

【材料(20個分・1人分20g)】

黒蜜姫のコンフィチュール……250g
黒イチジク(黒蜜姫)……150g

【作り方】
1. 細かくカットした黒イチジク(黒蜜姫)と黒蜜姫のコンフィチュールを合わせる。

能登ワイン(クオネス)のジュレ

【材料(20個分・1人分30g)】
能登ワイン(クオネス)……167g
赤ブドウジュース……143g
水……190g
グラニュー糖……83g
アガー……17g
オレンジ・ゼスト……1/3個分

【作り方】
1. オレンジ・ゼストをワインに漬けて沸かし、アンフュゼする。
2. 1に赤ブドウジュース、水、グラニュー糖の半量を加えて加熱する。
3. 残りのグラニュー糖とアガーを混ぜ、2に混ぜながら加え、再加熱してから冷却しておく。

シャンティ・ショコラ(マンジャリ)・レジェール

【材料(20個分・1人分20g)】
生クリーム(脂肪分35%)(A)……71g
水飴……7.8g
転化糖……7.8g
ショコラ(マンジャリ)……63g
生クリーム(脂肪分35%)(B)……149g
クレームシャンティ(8%加糖のホイップした生クリーム)……102g

- 黒蜜姫
- エディブルフラワー
- チュイール
- シャンティ・ショコラ・レジェール
- 巨峰と黒蜜姫のソルベ
- 能登ワイン(クオネス)のジュレ
- シュトロイゼル・ショコラ・ポワブル
- 黒蜜姫のコンフィ
- チャイのブランマンジェ
- フルーツカクテル

【作り方】

1 生クリーム（A）に水飴と転化糖を入れて沸かす。
2 1をショコラに数回に分けて入れて乳化させ、生クリーム（B）を加えて温度を下げる。一晩冷蔵庫で寝かせる。
3 2をミキサーでホイップし、クレームシャンティを合わせる。

フルーツカクテル

【材料（20個分・1人分50g）】
洋梨……355g
柿……355g
黒イチジク（黒蜜姫）……581g
粉糖……適量（フルーツの完熟度や甘さにより調整）
洋梨リキュール……32g

【作り方】
1 フルーツを小さくカットし、粉糖をまぶす。
2 1に洋梨リキュールを加え、しばらく置いてから使用する。

シュトロイゼル・ショコラ・ポワブル

【材料（20個分・1人分15g）】
無塩バター……89g
粉糖……72g
アーモンドプードル……89g
薄力粉……73g
ココアパウダー……16g
エダムチーズ……18g
黒コショウ……2.1g

【作り方】
1 室温に戻したバターに、粉糖を混ぜる。
2 1にふるったアーモンドプードル、薄力粉、ココアパウダーをサックリと混ぜる。
3 2にエダムチーズ、黒コショウを加えて混ぜ、ひとかたまりにしてラップをし、一晩冷蔵庫で寝かす。
4 3を目の粗い網で漉して、天板に散らして150℃のオーブンで約10分焼成する。

チュイール

【材料（20個分）】
卵白……56g
粉糖……70g
薄力粉……64g
無塩バター……70g

【作り方】
1 柔らかくしたバターに粉糖を混ぜてなめらかな状態にし、卵白を少しずつ混ぜる。

2 1にふるった薄力粉を混ぜて、シャブロンに刷り込み160℃のオーブンで約6分ほど焼成する。

巨峰と黒蜜姫のソルベ

【材料（20個分）】
巨峰果汁……168g
　　　巨峰……130g
巨峰・ピューレ……適量
シロップ……55g
　　　水……450g
　　　水飴……80g
　　　グラニュー糖……470g
　　　安定剤（フルッタネーヴェ）……0.5g
黒イチジク（黒蜜姫）……168g
水……50g
グラニュー糖……100g
レモン果汁……7g
水飴……10g
オレンジ・ゼストのすりおろし……0.2g

【飾り】
黒イチジク（黒蜜姫）（仕上げ用）……65g

【作り方】
1 巨峰果汁を作る。巨峰を半分にカットし、種を取り除き、皮ごと加熱し裏ごしし果汁を絞る。168gになるまで巨峰・ピューレを加える。
2 シロップベースを作る。水、水飴、グラニュー糖の420g分を入れて沸かす。火を止めて、残りのグラニュー糖50gと安定剤0.5gをよく混ぜて加え、よく攪拌し再度沸騰させる。裏ごしをして一晩冷却する。
3 皮を剥いた黒イチジク（黒蜜姫）を小さめにカットし、グラニュー糖、レモン果汁、オレンジ・ゼストのすりおろしを加え混ぜ、水分を出して、水と1を加えて加熱する。（砂糖が解ける程度）
4 2と3を混ぜ、ハンドブレンダーをかけてアイスクリームマシーンで固める。
5 黒イチジク（黒蜜姫・仕上げ用）を皮付きのまま細かくカットする。
6 出来上がったソルベにカットした黒イチジク（黒蜜姫）を軽く混ぜて、冷凍庫でソルベを締めてから丸いディッシャーで抜く。

モンタージュ

【材料】
エディブルフラワー……適量
1 グラスにチャイのブランマンジェを分量分流し、冷やし固める。

2 1の上にフルーツカクテルを淵に沿って1周置く、その際、中心部はのせずに空けておく。
3 2の上に絞り袋に入れた黒蜜姫のコンフィを分量を絞り、のせる。
4 中心部の空いたスペースにシュトロイゼル・ショコラ・ポワブルを食べやすいサイズに崩しながら入れる。
5 4の上に能登ワイン（クオネス）のジュレを均等になるように全面にのせる。
6 丸口金を付けた絞り袋に入れたシャンティ・ショコラ（マンジャリ）・レジェールを分量内側から絞り入れ、丸いディッシャーで抜いた巨峰と黒蜜姫のソルベをのせる。
7 グラスの淵に少し余ったシャンティショコラを接着として付け、チュイールをのせて、その上にカットした黒イチジク（黒蜜姫・分量外）、エディブルフラワーを適量飾り、飴細工をのせて提供する。

仕上げ

ローズティー……65g
レッドソース……35g
薔薇……適量
エストラゴン……適量

1 グラスに薔薇とエストラゴンを入れ、ローズティーとレッドソースを混ぜて注ぐ。

Menu.8_ Welcome Drink

大葉柚子ジャスミンティーネード

P.139

Menu.7_Pairing 2

レッドローズティー

P.136

ローズティー

【材料（仕上がり約20杯分）】
薔薇茶……30g
ローズヒップ……15g
湯……1.6kg
【作り方】
1 沸騰した湯に薔薇茶とローズヒップを入れて3分蒸らし、濾してから冷ます。

レッドソース

【材料（仕上がり約20杯分）】
カベルネソービニョン・ピューレ……500g
フランボワーズ・ピューレ……50g
グラニュー糖……250g
レモン・ピューレ…50g
【作り方】
1 カベルネソービニョン・ピューレとフランボワーズ・ピューレを火にかけてグラニュー糖を溶かし、火を止めてレモン果汁を加えて冷ます。

柚子ソース

【材料（仕上がり約25杯分）】
柚子果皮入り・ピューレ……400g
グラニュー糖……240g
【作り方】
1 鍋に柚子果皮入り・ピューレとグラニュー糖を入れて溶かし、グラニュー糖が溶けたら冷ます。

ハチミツジャスミンティー

【材料（仕上がり約25杯分）】
ジャスミン茶葉……35g
水……2kg
オレンジハチミツ……50g
【作り方】
1 鍋に水からジャスミン茶葉を入れて沸かし、沸騰したら茶葉が開くまで蒸らして濾す。
2 1にオレンジハチミツを入れて溶かし、ハチミツが溶けたら冷ます。

仕上げ

【材料（1杯分）】
柚子ソース……25g
ハチミツジャスミンティー……75g
大葉……1枚
【作り方】
1 グラスに柚子ソースとハチミツジャスミンティーを合わせ、混ぜ溶かす。

2　グラスに大葉を入れ1を注ぐ。

Menu.8_Pairing 1
帯刀りんご農園の洋梨コミスとクレメダンジュ
巨峰のグラニテを添えて
P.140

ジャスミンジュレ

【材料（20皿分）】
水……600g
ジャスミン茶葉……12g
グラニュー糖……60g
アガー……12g

【作り方】
1　鍋に水を入れ沸騰したら火を止めてジャスミン茶葉を入れ、蓋をして5分蒸らす。
2　蒸らし終えたら網で濾し、できた抽出液を新しい鍋に移して、再度、沸騰直前まで温め直す。
3　2の液にすり混ぜたグラニュー糖とアガーを溶かし入れる。
4　ボウルに移して冷蔵庫で冷やし固める。

クレメダンジュ

【材料（20皿分）】
フロマージュブラン……400g
生クリーム（脂肪分35％）……200g
卵白……60g
グラニュー糖……120g
水……40g

【作り方】
1　鍋に水とグラニュー糖を入れて火にかけ、118℃になるまで加熱する。
2　1と並行してホイッパーを付けたミキサーボウルに卵白を入れ、1が114℃に達した時点で高速で白っぽくふんわりとするまで撹拌する。
3　2に1を注ぎ入れながら撹拌を続け、すべて入れ終えたらしっかりとボリュームがでるまで泡立てる。中低速に切り替えてキメを整えて、約40℃になるまで冷めたらボウルに移し室温ぐらいになるまで冷ましておく。
4　3に7〜8分立てにした生クリームの約1/3量を加え、泡立て器でザッと混ぜる。
5　4にほぐしておいたフロマージュブランを加え、泡立て器でしっかりと混ぜる。残りの生クリームを加えてダマにならないように混ぜる。さらにゴムベラに持ち替えてムラなく混ぜる。
6　5を目が細かいガーゼに移し、一晩冷蔵庫で寝かせて余分な水分を取り除く。

巨峰のグラニテ

【材料（20皿分）】
巨峰……600g
巨峰・ピューレ……120g
グラニュー糖……80g
赤ワイン……40g
レモン果汁……4g

【作り方】
1　巨峰（皮ごと）、巨峰・ピューレ、グラニュー糖、赤ワイン、レモン果汁をミキサーにかけてジュースにする。
2　ジュースを網でこしてボウルに移す。網の上に残った巨峰の皮を、上からゴムベラでぎゅっと押してしっかりと抽出液を絞りだす。
3　できた抽出液を冷凍庫に入れ、1時間に1回くらい泡立て器でしっかりと撹拌する。シャリっとした固形物ができるまでこれを繰り返す。

バニラクランブル

【材料（20皿分）】
無塩バター……10g
グラニュー糖……10g
アーモンドプードル……10g
薄力粉……10g
バニラペースト……0.1g

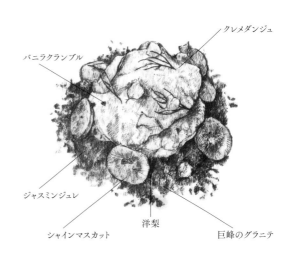

【作り方】
1. バター、グラニュー糖、アーモンドプードル、薄力粉をミキサーボウルに入れ、冷蔵庫で冷やす。
2. 充分冷えたらビーターを付けたミキサーでひとかたまりになるまで低速で回す。
3. 2にバニラペーストを入れて全体的になじむまで回す。
4. できた生地を一口サイズに丸く成形し150℃のオーブンできつね色になるまで15〜20分焼成する。

モンタージュ

【飾り】
シャインマスカット……20粒
洋梨コミス……2.5個（800g）
エディブルフラワー……適量

1. ジャスミンジュレをスプーンで軽くほぐし、お皿の中央に35gのせる。
2. 洋梨コミスを一口大に切り、ジャスミンジュレの上に40gのせる。
3. バニラクランブルを5個、1と2の周りに散りばめる。
4. クレメダンジュをスプーンですくい1〜3を隠すように40gのせる。
5. 薄く輪切りにしたシャインマスカットと、エディブルフラワーをクレメダンジュの上にのせる。
6. 5まで出来たものの周りに巨峰のグラニテを1周囲うようにスプーンでのせる。

Menu.8_Pairing 1

洋梨タイレモン
ハーブティー

P.142

タイハーブティー

【材料（仕上がり約20杯）】
ホーリーバジル……10g
ライムリーフ……10g
レモングラス……10g
水……1kg

【作り方】
1. 鍋に全ての材料を入れて沸かし、沸騰したら火を止めてそのまま冷まし、濾す。

洋梨ソース

【材料（仕上がり約30杯）】
ラ・フランス・ピューレ……1kg
グラニュー糖……500g
レモン・ピューレ……50g

【作り方】
1. 鍋にラ・フランス・ピューレとグラニュー糖を入れて火にかける。グラニュー糖が溶けたら、火を止め、レモン・ピューレを加えて冷ます。

仕上げ

【材料（1杯分）】
タイハーブティー……50g
洋梨ソース……50g
タイレモン……1/4個分

【作り方】
1. タイハーブティーと洋梨ソースを混ぜ合わせ、グラスに注ぐ。
2. 1にタイレモンを絞って入れる。

Menu.8_Pairing 2

栗とバナナのフォンダンとラムバニラアイス

〜モンブラン風〜

P.144

バナナクリーム

【材料（20個分）】
バナナペースト……240g使用
　バナナ……265g
　牛乳……85g
生クリーム（脂肪分35％）……34g
牛乳……34g
加糖卵黄……18g
グラニュー糖……10g
凝固剤（ジュレデセール）……4g
泡立てた生クリーム（脂肪分35％）……16g

【作り方】
1. よく熟れたバナナと牛乳を一緒に銅鍋に入れて、バナナが固形ではなくなり、牛乳の水分が飛ぶまで強火でしっかりと炊く。炊けたらバットに薄く広げ、ラップを密着させて、氷水を張ったバットで上下挟み、急速に冷

ました、バナナペーストを作る。
2 生クリームと牛乳を鍋に入れて沸かす。加糖卵黄にグラニュー糖と凝固剤（ジュレデセール）を入れてすり混ぜ、沸いた液体と合わせて82℃まで炊く。
3 炊いた2を網で濾して1のバナナペーストに入れ、泡立て器で混ぜる。
4 生クリームを6分立てに泡立てて3に入れ、ムラがないように混ぜ合わせる。
5 直径4cmのシリコン円柱型に8gずつ分割して冷凍する。

栗のガナッシュ

【材料（20個分）】
マロンチョコレート（彩味マロン）……80g
生クリーム35%……120g
ラム酒……2g

【作り方】
1 生クリームを鍋に入れ、約60℃まで温める。
2 1を、溶かしたマロンチョコレート（彩味マロン）に入れ、中心からゆっくりと混ぜてしっかりと乳化させる。乳化したらラム酒を入れて混ぜる。
3 冷凍して固まったバナナクリームの上に10g流し入れ、冷凍する。

栗フォンダン

【材料（20個分）】
洋栗ペースト……500g
粉糖……100g
ベーキングパウダー……8g
無塩バター……160g
卵黄……240g
卵白……140g
ラム酒……26g

【作り方】
1 室温に戻しておいたバターを、ビーターを付けたミキサーに入れてほぐす。
2 1に洋栗ペースト、粉糖、ベーキングパウダーを入れて均一になるまで混ぜる。
3 卵黄と卵白を、少しずつ2に加えながら乳化させていく。全て入れて乳化したらラム酒も加え、均一に混ぜる。
4 直径5.5×高さ4cmのセルクルの内側にベーキングシートを巻き、3を50gずつ絞り入れる。
5 絞ったところに上からセンター（バナナクリームと栗のガナッシュ）を押し込み、センターが見えないように生地で覆う。
6 180℃のオーブンで約40分焼成する。

ラムバニラアイス

【材料（20個分）】
牛乳……140g
生クリーム（脂肪分35%）……140g
水飴……20g
バニラビーンズ……2g
加糖卵黄……60g
和三盆糖……32g
ラム酒……8g

【作り方】
1 牛乳、生クリーム、水飴、バニラビーンズを鍋に入れて沸かす。加糖卵黄に和三盆糖を入れてすり混ぜ、沸いた液体と合わせて82℃まで炊く。
2 炊けた1を網で濾し、10℃以下になるまで氷水を張ったボウルにあてて冷ます。冷めたらラム酒を加える。
3 できた液体をアイスクリームマシンにかける。

パッションクリーム

【材料（20個分）】
無塩バター……40g
温州みかん・ピューレ……12g
パッション・ピューレ……16g
全卵……16g
グラニュー糖……12g
ゼラチン……0.4g

【作り方】
1 バター、温州みかん・ピューレ、パッション・ピューレを鍋に入れて沸かす。全卵にグラニュー糖を入れてすり混ぜ、沸いた液体と合わせて82℃まで炊く。
2 炊きあがった1にふやかしたゼラチンを入れてよく混ぜ、網でこす。氷水を張ったボウルにあてて30℃まで冷ます。
3 30℃になった2を、白っぽくもったりと乳化するまでハン

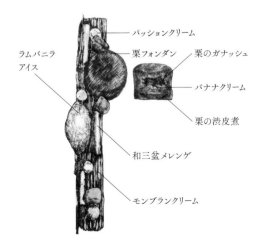

ドブレンダーにかける。冷蔵庫で一晩寝かせる。

モンブランクリーム

【材料（20個分）】
和栗ペースト……440g
洋栗ペースト……30g
牛乳……120g
30度ボーメシロップ……2g

【作り方】
1. 和栗ペースト、洋栗ペースト、30度ボーメシロップをビーターを付けたミキサーに入れてほぐす。
2. 牛乳を30℃まで温め、*1*に少しずつ入れて混ぜていく。
3. *2*のクリームを目が細かい網でこす。

和三盆メレンゲ

【材料（20個分）】
卵白……32g
和三盆糖（A）……32g
和三盆糖（B）……32g

【作り方】
1. 卵白と和三盆（A）を、ホイッパーを付けたミキサーに入れて、8分立てに泡立てる。
2. *1*に和三盆（B）を入れて、さっくりと混ぜ合わせる。
3. ベーキングシートを敷いた鉄板に丸口金で絞り、85℃のオーブンで2～3時間乾燥させる。

モンタージュ

【飾りの材料（20個分）】
栗の渋皮煮……20粒
ディル……適量
エディブルフラワー……適量
ショコラパーツ……適量

【作り方】
1. お皿に真っ直ぐにモンブランクリームを絞る。
2. *1*の上にパッションクリームを4カ所絞り、栗の渋皮煮をパッションクリームにそわせるように3カ所置く。
3. 同じく*1*の上に、和三盆メレンゲをモンブランクリームの絞り始めから終わりにかけて、交互になるように適度なサイズに割ってのせる。和三盆メレンゲにそわせるように長方形のショコラパーツを置く。
4. あいているところに焼きたてのフォンダンと、ラムバニラアイスをスプーンでクルネして置き、エディブルフラワー、ディルを飾って仕上げる。

Menu.8_Pairing 2

バーボンカスク ウーロン茶

P.146

ハニーバーボンカスクラプサンスーチョン

【材料（仕上がり450g）】
ラプサンスーチョン茶葉……20g
プーアル茶葉……10g
バーボンカスクチップ[※1]……20g
スターアニス……4g
水……600g
ハチミツ……100g
ピーナッツペースト[※2]……50g
バニラペースト……1g

【作り方】
1. ラプサンスーチョン茶葉、プーアル茶葉、バーボンカスクチップ、スターアニス、水を鍋に入れて火にかけ、沸騰したら弱火にして30分煮出し、網で漉す。
2. 液量が300g未満であれば300gに加水する。
3. ハチミツ、ピーナッツペースト、バニラペーストを入れ溶かしてから氷に当てて冷やす。

※1 バーボンカスクチップ

【材料（仕上がり100g）】
バーボン樽のスモークチップ……100g
バーボン……200g

【作り方】
1. 材料を真空パックに入れ、真空にして1日寝かせる。
2. 容器に*1*を注ぎ、フードドライヤー70℃で完全に乾燥させる。

※2 ピーナッツペースト

【材料（仕上がり650g）】
ピーナッツ……500g
キビ砂糖……150g

【作り方】
1. フードプロセッサーにピーナッツを入れて細かくする。
2. メランジャーに移し、キビ砂糖を入れ滑らかなペーストにする。

仕上げ

【材料（1杯分）】
ハニーバーボンカスクラブサンスーチョン……30g
牛乳……70g

【作り方】
1 グラスにハニーバーボンカスクラブサンスーチョンと牛乳を注ぎ、混ぜ合わせる。

Menu.9_Welcome Drink

ストロベリーアールグレイスパークリング

P.149

水出しアールグレイティー

【材料（仕上がり1000g）】
キーマン茶葉……5g
アールグレイ茶葉……5g
ドライローズマリー……1g
水……1000g

【作り方】
1 真空パックに全ての材料を入れ、真空にして1日寝かせる。

あまおうソース

【材料（仕上がり750g）】
無糖あまおう・ピューレ……500g
グラニュー糖……250g
レモン・ピューレ……25g

【作り方】
1 鍋に無糖あまおう・ピューレ、グラニュー糖、レモン・ピューレの半量を入れ中火にかけ、グラニュー糖が溶けるまで煮溶かす。
2 1のグラニュー糖が溶けたら氷水に当てて冷やし、残りのレモン・ピューレを入れて混ぜる。

仕上げ

【材料（1杯分）】
水出しアールグレイティー……80g
あまおうソース……20g
ベルガモットピール……適量

【作り方】
1 水出しアールグレイティーをソーダマシンのボトルに入れて炭酸を充填する。
2 瓶に全ての材料を入れる。

Menu.9_Pairing 1

フレーズのスフェール

P.150

グラスフロマージュブラン

【材料（20個分）】
加糖卵黄……10g
グラニュー糖……90g
牛乳……260g
生クリーム（脂肪分35％）……90g
フロマージュブラン……500g
30度ボーメシロップ……250g
　水……110g
　グラニュー糖……150g
フリーズドライイチゴ……100g

【作り方】
1 水とグラニュー糖を沸かして30度ボーメシロップを作る。
2 鍋に牛乳、生クリームを入れて、沸かす。
3 ボウルに卵黄を入れてほぐし、グラニュー糖を加えてすり混ぜる。
4 鍋の液体類をボウルに入れて混ぜ合わせ、鍋に戻して82℃まで温める。
5 鍋に30度ボーメシロップを入れて沸かし、フリーズドライイチゴを入れてさらに沸かす。1日冷蔵庫で寝かせ、粗熱を取る。
6 5をフロマージュブランに少しずつ入れる。
7 4と5を合わせてアイスクリームマシンに入れる。

フレーズソース（バニラ・バルサミコ酢入）

【材料（20個分）】
バニラビーンズ……1/4本
イチゴ・ピューレ……100g
あまおう・ピューレ……40g
グラニュー糖……30g
バルサミコ酢……20g

【作り方】

1 バニラを鞘から取り出してグラニュー糖とすり混ぜ、イチゴ・ピューレとあまおう・ピューレに入れる。
2 総量が130gになるまで温める。
3 粗熱を取り、バルサミコ酢を加える。

ショコラブランのエスプーマ

【材料（20個分）】
加糖卵黄……14g
グラニュー糖……3g
A 生クリーム（脂肪分35％）……40g
　牛乳……40g
B 生クリーム（脂肪分35％）……37g
　牛乳……37g
ショコラブラン（カカオ分37％）……87g

【作り方】
1 ボウルに加糖卵黄とグラニュー糖をすり混ぜる。
2 Aの生クリームと牛乳を鍋に入れて温め、1に入れて混ぜる。鍋に戻す。
3 2を82℃になるまで温める。
4 Bの生クリームと牛乳を鍋で温め、ショコラブランに少しずつ液体を入れ、ガナッシュを作る。
5 3と4を合わせ、1晩冷蔵庫で寝かせる。

シャンティヴァニーユ

【材料（20個分）】
クレームシャンティ（100g）
　生クリーム（脂肪分35％）……40g
　生クリーム（脂肪分47％）……40g
　コンパウンドクリーム……20g
　グラニュー糖……9g
バニラビーンズ……0.1本

【作り方】
1 バニラビーンズを鞘から外し、緩めに泡立てたクレームシャンティと合わせる。

フレーズ（ローズマリーマリネ）

【材料（20個分）】
イチゴ（あまおう）……100g
ローズマリー……0.1本

【作り方】
1 イチゴ（あまおう）をコンカッセする。
2 刻んだローズマリーと1と合わせ、30分間置いて、アンフュゼする。
3 30分後に刻んだローズマリーを取り除く。

ショコラパーツ

【材料（20個分）】
ショコラ（インスピレーションフレーズ）……100g
太白ごま油……15g

【作り方】
1 ショコラとごま油合わせてテンパリングする。
2 直径7cmの球体の型に流す。
3 固まったら型からはずす。

モンタージュ

1 アシェット（皿）の周りにシャンティを絞る。
2 イチゴ（あまおう）を切って周りに飾る。球体※（以下テキスト参照）を中心にのせ、ショコラブランの飾りをのせる。
3 最後にディル、エディブルフラワーをのせ、提供する。

※球体のモンタージュ

1 フレーズショコラ半球の下部分を用意する。
2 上部に使う球体のトップに直径約4cmの丸い穴を開ける。
3 底から、グラスフロマージュブラン（30g）、フレーズ（ロ

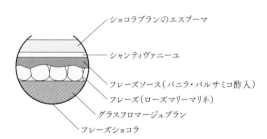

- ショコラブランのエスプーマ
- シャンティヴァニーユ
- フレーズソース（バニラ・バルサミコ酢入）
- フレーズ（ローズマリーマリネ）
- グラスフロマージュブラン
- フレーズショコラ

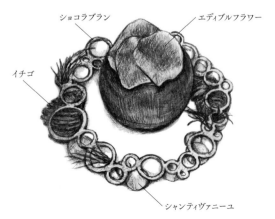

- ショコラブラン
- エディブルフラワー
- イチゴ
- シャンティヴァニーユ

ーズマリーマリネ)(8g)、フレーズソース(バニラ・バルサミコ酢入)(15g)、シャンティヴァニーユ(10g)の順で入れ、上部の半球のふちを温めた鉄板の上で溶かし、下部分と接着する。
4 ショコラブランのエスプーマ(10g)を入れる。

Menu.9_Pairing 2

温州みかんの
フォンダンショコラ

P.154

ホワイトカカオのフォンダンショコラ(センター部分)

【材料(20個分)】
生クリーム(脂肪分35%)……182g
水……59g
無塩バター……46g
FARM to BAR ショコラ ペルー カカオブランコ……57g
ホワイトカカオ……57g

【作り方】
1 ショコラとホワイトカカオを合わせて湯煎で溶かす。
2 生クリーム、水、バターを鍋に入れて60℃になるまで中火で温める。1のショコラに入れてよく混ぜる。
3 直径4cm、高さ2cmのシリコン型に2を20gで分割して冷凍庫で固める。

ホワイトカカオのフォンダンショコラ(生地部分)

【材料(20個分)】
ホワイトカカオ……200g
FARM to BAR ショコラ ペルー カカオブランコ……92g
無塩バター……112g
生クリーム(脂肪分35%)……135g
加糖卵黄……112g
卵白……180g
グラニュー糖……90g
薄力粉……22g
ココアパウダー……7g

【作り方】
1 ホワイトカカオ、ショコラ、バター、生クリームを湯煎で溶かし、50℃程度にする。
2 加糖卵黄は常温に戻しておく。1に入れる。
3 薄力粉とココアパウダーを合わせてふるっておく。
4 卵白にグラニュー糖を一度に加え、メレンゲを6分立てになるよう混ぜる。
5 2に4のメレンゲを握り拳程を入れ、ホイッパーでよく混ぜて乳化させる。
6 残りのメレンゲ、3でふるった粉の順番で3回に分けて入れ、ゴムベラで混ぜる。
7 直径60mmセルクルの内側にベーキングペーパーを巻く。
8 6の生地を30g絞り、冷凍したセンターを入れて軽く押す。その上に生地を15g絞る。

Menu.9_Pairing 1

ストロベリー烏龍茶
インフューズ
ローズジン

P.152

ジン インフューズ ローズ烏龍茶

【材料(仕上がり450g)】
ローズ烏龍茶葉……100g
ジン……500g

【作り方】
1 真空パックにローズ烏龍茶葉とジンを入れ、真空にして1日寝かせる。

仕上げ

【材料(1人分)】
四季春烏龍茶葉……4g
湯……150g
あまおうソース……50g
ジン インフューズ ローズ烏龍茶……1滴

【作り方】
1 汲みたての水道水を沸騰させる。
2 容器に茶葉を入れ、沸騰した湯を勢いよく注ぎ、蓋をして4分間蒸らす。
3 2をカップに入れ、あまおうソースを入れて混ぜ合わせる。
4 スポイトにジン インフューズ ローズ烏龍茶を入れ、カップと共に提供する。

9　190℃のオーブンで6分焼成する。

みかんジャム

【材料(20個分)】
温州みかん……350g
グラニュー糖……105g
ナパージュ・スプリモ……105g
ソミュール……12g

【作り方】
1　温州みかんのヘタを取り、皮ごと適宜に切る。
2　片手鍋に1のみかん、グラニュー糖、ナパージュ・スプリモを入れて弱火にかける。
3　フツフツしてきたら、ブレンダーで果肉を潰す。
4　中火にし、とろみが出るまで加熱する。
5　4を氷水で冷やしてから、ソミュールを加えて混ぜる。

アーモンドとヘーゼルナッツのキャラメル

【材料(20個分)】
無塩バター……107g
水飴……44g
グラニュー糖……133g
PGペクチン……2.2g
アーモンド……71g
ヘーゼルナッツ……71g

【作り方】
1　アーモンドとヘーゼルナッツをローストして刻む。
2　バター、水飴を中火にかけて溶かす。
3　グラニュー糖とペクチンを合わせてよく混ぜ、ダマにならないように少しずつ2に入れながらホイッパーで混ぜる。
4　3をホイッパーでよく混ぜて乳化させる。
5　再加熱して沸騰したら、1の刻んだヘーゼルナッツを入れてゴムベラでよく混ぜる。
6　鉄板にシリコンシートを乗せ、その上に直径7cmのセルクル型を乗せる。5をその型の内側に20g入れる。
7　180℃のオーブンで10分焼成する。

クレームシャンティ

【材料(20個分)】
生クリーム(脂肪分47%)……129.5g
生クリーム(脂肪分35%)……129.5
コンパウンドクリーム……111g
グラニュー糖……29.6g

【作り方】
1　全ての材料をボウルに入れ、ボウルを氷水に当てながらホイッパーで絞れる硬さになるまで(8分立て)立てる。

飾り

【材料(20個分)】
ライム・ゼスト……適量

【作り方】
1　ゼスター(おろし金)で削る。

ショコラパーツ

【材料(20個分)】
FARM to BAR ショコラ ペルー カカオブランコ……150g

【作り方】
1　ショコラをテンパリングする。
2　透明のフィルムを18×3cmにカットして、テンパリングしたショコラをフィルムの上から流してコームでならす。
3　半固まりくらいでラップの芯に螺旋状に巻きつける。
4　冷暗所でしっかり固めてからフィルムを剥がす。

モンタージュ

1　デセール(皿)の上に、接着用にシャンティを絞り袋に入れて1cm位に絞る。
2　1の上にアーモンドとヘーゼルナッツのキャラメルをのせる。
3　2の上にフォンダンショコラを乗せ、その上にみかんのジャムをパレットで20g塗る。
4　3の上にバラの口金を付けた絞り袋にシャンティを入れ、中心から放射線状に絞る。
5　4の中心にみかんのジャムを絞り袋で絞る。
6　5の上からゼスターで削ったライム・ゼストをふりかける。
7　最後にショコラのパーツを乗せる。

Menu.9_Pairing 2

アーモンドミルクカフェ with ローズヒップ カモミールシトラスシロップ

P.156

アーモンドミルクカフェ

【材料（作りやすい分量）】
コーヒー豆（中細挽き）……60g
アーモンドミルク……1000g
【作り方】
1　アーモンドミルクにコーヒー豆を入れて30分漬けて、漉す。

シトラスカモミールシロップ

【材料（仕上がり約20杯分）】
カモミール……40g
トランペドライレモン……40g
トランペドライ伊予柑……40g
ライムリーフ……40枚
湯……1100g
グラニュー糖……400g
【作り方】
1　沸騰したお湯にグラニュー糖以外の材料を全て入れそのまま冷ます。
2　1を漉し、グラニュー糖と共に鍋に入れて、グラニュー糖が溶けたら冷ます。

仕上げ

【材料（1人分）】
アーモンドミルクカフェ……100g
シトラスカモミールシロップ……40g
【作り方】
1　グラスにアーモンドミルクカフェを注ぐ。
2　シロップを別添えし、好みの量を入れる。

アッシュ・ペアリングを実施した店舗

LE CHOCOLAT DE H

2003年にオープンしたショコラ専門店「LE CHOCOLAT DE H」(ル ショコラ ドゥ アッシュ)。世界のカカオの香りや味わいを日本の素材・文化と融合させ一粒のショコラに込め日本から世界に発信するショコラトリー。ショコラの可能性を日々追及し、和素材や発酵をテーマにさまざまなショコラを創造。口どけ、香り、歯ざわり、一粒のショコラを計算し尽くし、素材にこだわり抜いたショコラティエ「Tsujiguchi」のショコラにかける熱い思いを表現。2022年にはペルーに自社農園を取得。カカオ豆から1枚のショコラタブレットになるまでを一貫して手掛ける日本発のFARM to BARショコラブティック。

銀座本店
〒104-0061 東京都中央区銀座6-7-6 銀座細野ビル1F
TEL:03-6264-6838
【実施したアッシュ・ペアリング】Menu.4…P94

イオンタウン吉川美南店
〒342-0038 埼玉県吉川市美南3-25-1 イオンタウン吉川美南 東街区 1F・2F
TEL:048-940-6776
【実施したアッシュ・ペアリング】Menu.1…P64、Menu.2…P74、Menu.3…P84、Menu.5…P104、Menu.9…P148

FORTISSIMO H

より強く辻口スタイルを表現するという意味の『FORTISSIMO H フォルテシモ アッシュ』。2007年名古屋にOPEN。プチガトーやショコラをはじめ、焼き菓子に至るまでクオリティーを追及。店舗の内装をはじめ、建物まで、辻口のアイデアを詰めこんだ辻口スタイルにこだわったショップ。2022年のリニューアルで新たに設置された「BAKE TABLE」。焼きたて、出来立てのフィナンシェやパンなどを提供。プチガトー、バウムクーヘン、焼き菓子など幅広いアイテムを取り揃えスイーツの新スタイルを名古屋から世界に向けて発信してゆく総合パティスリー。

〒464-0073 愛知県名古屋千種区高見2-1-16
TEL:052-761-7278
【実施したアッシュ・ペアリング】Menu.8…P138

LE MUSÉE DE H

2006年に『LE MUSÉE DE H(ル ミュゼ ドゥ アッシュ)』OPEN。「素材」と「アート」、そして「おもてなし」すべてをコラボレーションするのがル ミュゼ ドゥ アッシュのベーシック・コンセプト。ル ミュゼ ドゥ アッシュのスイーツは、素材に徹底的にこだわっている。能登の食材、北陸の食材をふんだんに使用したスイーツの数々には、洗練されたデザインはもちろんのこと、人の健康を考えた思いが詰まっている。そして、くつろいだ空間でスイーツを召し上がっていただくことにも配慮を怠らない。人の五感を十二分に満たせるスイーツづくり、お客様に満足してもらえる「おもてなし」の心を常に大切にしている。辻口博啓が繰り広げる、ル ミュゼ ドゥ アッシュだからこそ味わえるスイーツの世界が楽しめる空間。

〒920-0963 石川県金沢市出羽町2-1 県立美術館内
TEL:076-204-6100
【実施したアッシュ・ペアリング】Menu.7…P128

Mont St. Clair

1998年、自由が丘にオープン。辻口の原点であり、辻口スタイルを確立させたパティスリー、『Mont St. Clair(モンサンクレール)』。店内にはケーキ、焼き菓子、半生菓子、パン、ショコラなど様々なアイテムが取り揃う。旬のフルーツや世界の食材を使い、画家がキャンバスに様々な色彩をデコレティブするようにデザートで表現。素材を選び抜き、独自の製法で作りあげた味覚・視覚・香り・食感が絶妙な魅惑のスイーツ。特にこだわったのは、素材の持つ力を最大限に表現することであり、できたてをすぐに提供すること。そしてお客様から厨房の様子が見えること。お客様との距離感をより近づけ、その場で作り上げる臨場感は、五感を刺激する。糖質制限や発酵食材を使用したものなど新しいスイーツの可能性を提案。進化するパティスリー。

〒152-0035 東京都目黒区自由が丘2-22-4
TEL:03-3718-5200
【実施したアッシュ・ペアリング】Menu.6…P114

著者プロフィール

辻口博啓（つじぐち ひろのぶ）

クープ・デュ・モンドなどの洋菓子の世界大会に日本代表として出場し、数々の優勝経験を持つパティシエ、ショコラティエ。モンサンクレール（東京・自由が丘）をはじめ、コンセプトの異なるブランドを多数展開。2014年には初の海外店舗「モンサンクレール ソウル」をオープン。サロン・デュ・ショコラ・パリでは7回連続で最高評価を獲得。また、スイーツを通した地域振興、企業とのコラボレーションやプロデュース、講演や著書出版など積極的に活動する他、低糖質スイーツの第一人者として数々のロカボスイーツの開発・監修に取り組む。
スーパースイーツ製菓専門学校（石川県）の校長、一般社団法人日本スイーツ協会の代表理事を務め、後進育成やスイーツ文化の発展に取り組む。2019年1月には自身のショコラのクリエイティブを追いかけたドキュメンタリー映画「LE CHOCOLAT DE H」が公開。第45回シアトル国際映画祭（2019年5月16日〜6月9日）にて正式上映された。

香飲家 片倉康博（かたくら やすひろ）

バーテンダー時代に QSC、対面サービス、カクテルのさまざまなドリンク知識とバランスのとり方、TPO の重要性などを学ぶ。その経験をカフェ業界へ繋げ、独自の理論によるエスプレッソ抽出技術を広める。ホテル、レストラン、カフェ、パティスリーの顧問バリスタ、調理師・製菓専門学校のドリンクの特別講師として活動。海外からの依頼も多く、台湾、上海、南京、北京、天津、深セン、広州、廈門、杭州でも特別講師を務める。
飲食店プロデュース、店舗立ち上げや立て直し、スタッフ教育、ドリンクケータリング、コンサルタント、営業代行、商品開発も手がける。

香飲家 田中美奈子（たなか みなこ）

アパレル業界から転身しドリンクの世界に。DEAN&DELUCA カフェマネージャー、ドリンクメニュー開発後に独立。カフェレストランオーナーシェフとバリスタを経て、カフェ店舗商品開発やコンサルティング、フードコーディネートなどを手がける。コレクションテーマに合わせた展示会用のオーダーメイドケータリングやファッション誌を中心に、カタログ、広告、web撮影時のデリバリーは旬の野菜を中心とした料理が好評。TV出演、出版、WEBマガジンなどでも活躍。

香飲家 藤岡響（ふじおか ひびき）

2005年からバリスタとして都内の多くのカフェ、コーヒーショップの立ち上げに携わる。2013年「cafekitsune」、2015年「ブルーボトルコーヒー」の立ち上げに参画。2018年に「株式会社抽出舎」を起業し、日本茶専門店「Satén japanese tea」を立ち上げ、Japan macha competition を主催するなど、日本の日常に寄り添う独自のカフェスタイルの構築を目指しコーヒー、日本茶等の抽出と向き合う。専門学校講師や店舗プロデュース等（駒場lim.等）の活動も行う。2021年より独立し、フリーランス及び飲料ユニット香飲家として活動。

撮影／伊藤駿
装丁・デザイン／佐藤アキラ
編集／金井美稚子
菓子制作スタッフ／本間匡、八代真秀、石本泰規、谷昌也、宮本直央子

材料協力／タカ食品工業株式会社
　　　　　本社 〒835-0023 福岡県みやま市瀬高町小川1189番地の1
　　　　　TEL：0944-62-2161／FAX：0944-63-7587
　　　　　https://www.takafoods.co.jp

お互いの美味しさを高めるアイデアと調理技術

スイーツ×ドリンク　ペアリングの発想と組み立て

2024年11月16日　発　行　　　　　　　　　　　　NDC596

著　　　者　　辻口博啓、香飲家（片倉康博、田中美奈子、藤岡響）
発　行　者　　小川雄一
発　行　所　　株式会社 誠文堂新光社
　　　　　　　〒113-0033 東京都文京区本郷3-3-11
　　　　　　　https://www.seibundo-shinkosha.net/
印刷・製本　　TOPPANクロレ 株式会社

© Hironobu Tsujiguchi, Yasuhiro Katakura, Minako Tanaka, Hibiki Fujioka. 2024　　Printed in Japan

本書掲載記事の無断転用を禁じます。

落丁本・乱丁本の場合はお取り替えいたします。

本書の内容に関するお問い合わせは、小社ホームページのお問い合わせフォームをご利用ください。

本書に掲載された記事の著作権は著者に帰属します。これらを無断で使用し、展示・販売・レンタル・講習会等を行うことを禁じます。

JCOPY ＜（一社）出版者著作権管理機構 委託出版物＞
本書を無断で複製複写（コピー）することは、著作権法上での例外を除き、禁じられています。
本書をコピーされる場合は、そのつど事前に、（一社）出版者著作権管理機構（電話 03-5244-5088／FAX 03-5244-5089／e-mail：info@jcopy.or.jp）の許諾を得てください。

ISBN978-4-416-72341-8